JN485453

漢字マスター N5

한자마스타

改訂版
개정판

Introduction to Kanji

字

アークアカデミー 編著

KANJI

모닝에듀(주)

漢字マスターN5　もくじ

はじめに 4
本書の特長 6
本書の使い方 8
漢字学習を始めるにあたって 10

1章 すうじ　Number　数字　Chữ số

- □一　二（　／　） 13
- □三　四（　／　） 14
- □五　六（　／　） 15
- □七　八（　／　） 16
- □九　十（　／　） 17
- □百　千（　／　） 18
- □万　円（　／　） 19
- □1章　ふくしゅう　問／20問 20
- □ひにちの　よみかた（　／　） 21
- □1章　クイズ（　／　） 22

2章 カレンダー　Calendar　日历　Ngày tháng

- □月　火（　／　） 25
- □水　木（　／　） 26
- □金　土（　／　） 27
- □日　年（　／　） 28
- □2章　ふくしゅう　問／20問 29
- □2章　クイズ（　／　） 30

3章 人　Person　人　Con người

- □人　口（　／　） 33
- □目　耳（　／　） 34
- □手　足（　／　） 35
- □力　王（　／　） 36
- □3章　ふくしゅう　問／20問 37
- □3章　クイズ（　／　） 38

4章 しぜん－1　Nature 1　自然1　Tự nhiên 1

- □山　川（　／　） 41
- □田　石（　／　） 42
- □花　竹（　／　） 43
- □雨　虫（　／　） 44
- □4章　ふくしゅう　問／20問 45
- □4章　クイズ（　／　） 46

5章 ばしょ　Place　地方　Địa điểm, vị trí

- □上　下（　／　） 49
- □左　右（　／　） 50
- □外　内（　／　） 51
- □中　（　／　） 52
- □5章　ふくしゅう　問／20問 53
- □5章　クイズ（　／　） 54

- □1章～5章　アチーブメントテスト　／100（　／　） 56

6章 学校－1　School 1　学校1　Trường học 1

- □学　校（　／　） 59
- □先　生（　／　） 60
- □名　字（　／　） 61
- □本　休（　／　） 62
- □6章　ふくしゅう　問／20問 63
- □6章　クイズ（　／　） 64

7章 学校－2　School 2　学校2　Trường học 2

- □大　小（　／　） 67
- □高　友（　／　） 68
- □入　出（　／　） 69
- □門　体（　／　） 70
- □7章　ふくしゅう　問／20問 71
- □7章　クイズ（　／　） 72

8章 かぞく　Family　家庭成员　Gia đình

- □父　母（　／　） 75
- □子　男（　／　） 76

□ 女　（　／　）77
□ 犬　（　／　）78
□ 8章(しょう)　ふくしゅう　問／20問　79
□ 8章(しょう)　クイズ（　／　）80

9章(しょう)　どうし－1　Verb 1　动词1　Động từ 1

□ 立　（　／　）83
□ 見　聞（　／　）84
□ 行　来（　／　）85
□ 帰　（　／　）86
□ 9章(しょう)　ふくしゅう　問／20問　87
□ 9章(しょう)　クイズ（　／　）88

10章(しょう)　たべもの　Food　食物　Đồ ăn

□ 米　茶（　／　）91
□ 牛　肉（　／　）92
□ 魚　貝（　／　）93
□ 好　物（　／　）94
□ 10章(しょう)　ふくしゅう　問／20問　95
□ 10章(しょう)　クイズ（　／　）96

□ 6章(しょう)～10章(しょう)　アチーブメントテスト　／100（　／　）98

11章(しょう)　時間(じかん)　Time　时间　Thời gian

□ 時　間（　／　）101
□ 半　分（　／　）102
□ 今　何（　／　）103
□ 夕　方（　／　）104
□ 11章(しょう)　ふくしゅう　問／20問　105
□ 11章(しょう)　クイズ（　／　）106

12章(しょう)　しぜん－2　Nature 2　自然2　Tự nhiên 2

□ 林　森（　／　）109
□ 畑　岩（　／　）110
□ 音　（　／　）111
□ 明　暗（　／　）112
□ 12章(しょう)　ふくしゅう　問／20問　113
□ 12章(しょう)　クイズ（　／　）114

13章(しょう)　どうし－2　Verb 2　动词2　Động từ 2

□ 言　書（　／　）117
□ 読　話（　／　）118
□ 食　飲（　／　）119
□ 買　（　／　）120
□ 13章(しょう)　ふくしゅう　問／20問　121
□ 13章(しょう)　クイズ（　／　）122

14章(しょう)　町(まち)　Town　街道　Thị trấn, khu phố

□ 町　寺（　／　）125
□ 電　車（　／　）126
□ 東　西（　／　）127
□ 南　北（　／　）128
□ 14章(しょう)　ふくしゅう　問／20問　129
□ 14章(しょう)　クイズ（　／　）130

15章(しょう)　けいようし　Adjective　形容词　Tính từ

□ 新　古（　／　）133
□ 長　安（　／　）134
□ 多　少（　／　）135
□ 元　気（　／　）136
□ 15章(しょう)　ふくしゅう　問／20問　137
□ 15章(しょう)　クイズ（　／　）138

□ 11章(しょう)～15章(しょう)　アチーブメントテスト　／100（　／　）140

ノート　142
そのほかの　よみかた　148
解答(かいとう)　150
さくいん　160

はじめに

「漢字マスターシリーズ」は、日本語を学ぶ方が、ひらがな、カタカナの習得を経て、日本語の３つ目の文字である漢字を楽しみながらしっかりと学ぶことを目指して作成されました。本シリーズを使って学習を進めると、Ｎ５～Ｎ１の全シリーズ修了時には、2010年11月30日告示の「改定常用漢字表」一覧に掲載された2136字と、その他に使用頻度が高いと思われる表外字14字を加えた2150字が習得できます。

本シリーズは、漢字とともに、多くの語彙や慣用句も一緒に習得できるように作られています。提示した語例や例文は、日常生活の中で身近に接することが多いものをとりあげましたので、漢字そのものの学習と共に、生活の中でよく使われる言葉や表現を増やすことが可能です。また、非漢字圏の方にも学びやすいように、漢字には全てルビを振りました。プレッシャーを感じることなく漢字の能力を伸ばすことができるからです。

「漢字マスターＮ５」は、原則として各章７～８文字、１ページに２文字提示してあります。たとえば、１日１～２ページ、１日１章のように計画を立てて学習すると、119字の漢字と、生活に必要な語彙を習得できます。また、初めて漢字に触れることを考慮し、イラストを多用しました。本書に掲載した漢字はＮ４レベルに進む前に必ずマスターすることを目指してください。

本シリーズは長きにわたる改訂を重ね、その結果、理想の教材に近づいたと自負しております。私たちを支えてくださった多くの皆様に心からお礼を申し上げます。皆様の漢字学習が成功することを執筆者一同心から願っています。

アークアカデミー

들어가며 ....

한자마스타 시리즈」는 일본어를 배우는 분이 히라가나, 가타카나 학습을 거쳐 일본어의 3번째 문자인 한자를 즐기며 확실하게 배우는 것을 목표로 작성되었습니다. 본 시리즈를 사용하여 학습을 진행하면, N5~N1 전 시리즈를 수료하였을 시에 「상용한자표」(2010.11.30 고시) 일람에 게재된 2,136자에 더하여, 사용빈도가 높다고 여겨지는 표외자 14자를 더한 2,150자를 학습할 수 있습니다.

본 시리즈는 상용한자표에 있는 한자의 읽는 법을 망라하고 있으며, 한자와 함께 많은 어휘와 관용구 또한 함께 학습할 수 있도록 만들어져 있습니다. 제시된 단어의 예나 예문은 일상생활 중 쉽게 접할 수 있는 것을 수록하였기 때문에, 한자 자체의 학습과 함께

생활이나 신문, 잡지에서 많이 쓰이는 단어나 표현을 배우는 것이 가능합니다. 또한, 비한자권의 학습자 분들도 부담 없이 한자 능력을 키울 수 있도록 모든 한자에 발음을 표기했습니다.

「한자마스타 N5」는 원칙으로서 각 장(章) 7~8자, 1페이지에 두 문자를 제시하고 있습니다. 예를 들어 하루 1~2페이지, 하루 한 장(章)과 같이 계획을 세워 학습하면, 119자의 한자와 생활에 필요한 어휘를 습득할 수 있습니다. 또한 처음으로 한자를 접하는 것을 고려하여 일러스트를 다수 사용하였습니다. 본 책에 게재된 한자는 N4 레벨에 넘어가기 전에 반드시 마스터하는 것을 목표로 해주세요.

본 시리즈는 긴 시간에 걸쳐 개정을 거듭해, 그 결과 이상적인 교재에 근접했다고 자부하고 있습니다. 저희를 지지해 주신 많은 분들께 진심으로 감사의 말씀을 드립니다. 여러분의 한자학습이 성공하길 집필진 모두 진심으로 바라고 있습니다.

아크아카데미

本書の特長

POINT 1．効率的に体系的に学べる

配列は、基本となる漢字から組み合わせてできる漢字へと難易度を高めました。また、それぞれの章はカテゴリー別に分類しました。

- ・絵からできた象形文字（例：2章、3章）
- ・記号からできた指事文字（例：5章）
- ・意味と意味を組み合わせてできた会意文字（例：12章）
- ・音が漢字の一部分に残っている形声文字（例：学、校、先…）

POINT 2．漢字を学びながら生活に必要な語彙も増やせる

提示した語彙や例文は、日常生活の中で身近に接することが多いものを取り上げました。本書では、特に、漢字の字義の言葉に加え、広く使われている日本語のテキストに提出されている言葉を配列しました。

POINT 3．美しく読みやすい文字が書ける

正しい筆順は正しい文字の習得の第一歩です。一人で学ぶ方でも筆順がわかるように数字をつけてありますので、美しく読みやすい文字を書くことができます。また、フォントはモリサワのUDデジタル教科書体を採用しました。初めて日本語の文字を学ぶ方にとっても文字の形がわかりやすく、間違えにくいフォントです。手本を見て、きれいな形の文字をマスターしてください。

POINT 4．楽しみながら学べる

漢字の成り立ちがよくわかるよう、巻末に「ノート」としてまとめてあります。ゲーム感覚で学ぶことで、漢字に親しみを持ち、漢字を学ぶ際の理解度・定着度の向上が目指せます。

본 책의 특징

POINT 1. 효율적, 체계적으로 배울 수 있다

배열은 기본이 되는 한자부터 조합하여 만들어지는 한자 순으로 난이도를 높였습니다.
또한, 각각의 장(章)은 카테고리 별로 분류하였습니다.

- 絵からできた象形文字（例：２章、３章）
- 記号からできた指事文字（例：５章）
- 意味と意味を組み合わせてできた会意文字（例：12章）
- 音が漢字の一部分に残っている形声文字（例：学、校、先…）

POINT 2. 한자를 배우면서 생활에 필요한 어휘도 늘릴 수 있다

제시한 어휘나 예문은 일상생활에서 가깝게 접하는 경우가 많은 것을 수록하였습니다.
본 책에서는 특히 한자 자체의 의미뿐만 아니라 널리 쓰이는 일본어 교재에 실려 있는 단어도 수록하였습니다

POINT 3. 아름답고 읽기 쉬운 문자를 쓸 수 있다

올바른 획순은 올바른 문자 습득의 첫걸음입니다. 혼자서 공부하시는 분도 획순을 알 수 있도록 숫자를 적어 두었으므로, 아름답고 읽기 쉬운 문자를 쓸 수 있습니다. 또한, 글꼴은 모리사와 UD 디지털 교과서체를 채용하였습니다. 처음으로 일본어 문자를 학습 하시는 분이라도 문자의 모양을 알기 쉽고, 헷갈리지 않는 글꼴입니다. 글자의 본을 잘 보고, 예쁜 모양의 문자를 마스터하세요.

POINT 4. 즐기면서 배울 수 있다

한자의 구성을 잘 알 수 있도록, 권말에 「노트」로 정리해 두었습니다. 게임을 하는 느낌으로 배우면서, 한자에 친근감을 가지고, 한자를 배울 때 이해도 · 정착도의 향상을 목표로 할 수 있습니다

本書の使い方

漢字学習を始める前に、「漢字学習を始めるにあたって」を読んで、漢字学習のポイントを確認してください。学習中も確認し、字形、筆順を常に意識しましょう。

STEP 1．導入イラストを利用して、その章にどんな漢字があるのか理解します。

STEP 2．新しく学ぶ親字の横にある、訓読み・音読み、送りがなを確認します。

STEP 3．親字の下にある画数を確認します。

STEP 4．筆順の矢印のとおりに、まず、うすい文字の上をなぞります。そして、手本を見て視写を繰り返し、正しい字形を覚えます。

STEP 5．「かんじをよみましょう」「かんじをかきましょう」の問題に進みます。言葉の意味や、読み、正しい書き方を覚えます。

STEP 6．復習やクイズ、アチーブメントテストに進みます。

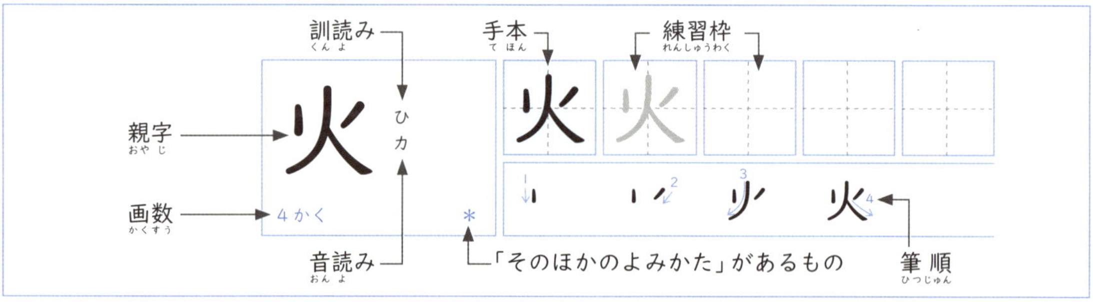

復習　学習した漢字の定着度を確認するために1章ごとの復習問題を解きます。確認や苦手な漢字の発見に活用してください。

クイズ　学習に変化をつけ、楽しく学べるようにクイズもあります。宿題やテスト等に活用してください。

アチーブメントテスト　5章ごとにあります。アチーブメントテストを解き、自身のレベルチェックに利用してください。

漢字学習 ☑ → 復習 ☑ → クイズ ☑ → アチーブメントテスト ☑ → ノート ☑

目次　理解度の把握のために、チェック欄☑、および学習日欄（　／　）をつけました。独学の場合も授業で取り扱う場合も、学習計画や定着度の確認等に役立ててください。計画を立てて、効率的に学習しましょう。

読み　常用漢字表に掲載されているもののうち、N5レベルにふさわしいものを示しました。難易度が高いと判断した読みを持つ漢字には＊をつけ、巻末の「そのほかのよみかた」にまとめました。

학습의 진행 방법

한자 학습을 시작하기 전에, 「한자 학습을 시작하기에 앞서」를 읽고 한자 학습의 포인트를 확인해 주세요. 학습 중에도 확인하여, 자형, 획순을 항상 의식합시다.

STEP 1. 도입 일러스트를 이용해, 그 장(章)에 어떤 한자가 있는 지 이해합니다.

STEP 2. 새롭게 배울 한자의 옆에 있는 훈독, 음독, 오쿠리가나를 확인합니다.

STEP 3. 표제 한자의 옆에 있는 획수를 확인합니다.

STEP 4. 획순의 화살표대로, 먼저 옅게 쓰여진 문자 위에 덧씁니다. 그리고 본보기를 보고 베껴 쓰기를 반복하여, 알맞은 자형을 외웁니다.

STEP 5. 한자를 읽읍시다 (「かんじをよみましょう」), 한자를 씁시다 (「かんじをかきましょう」)문제로 넘어갑니다. 단어의 의미나 독음, 올바르게 쓰는 법을 외웁니다

STEP 6. 복습이나 테스트, 성과 테스트를 진행합니다.

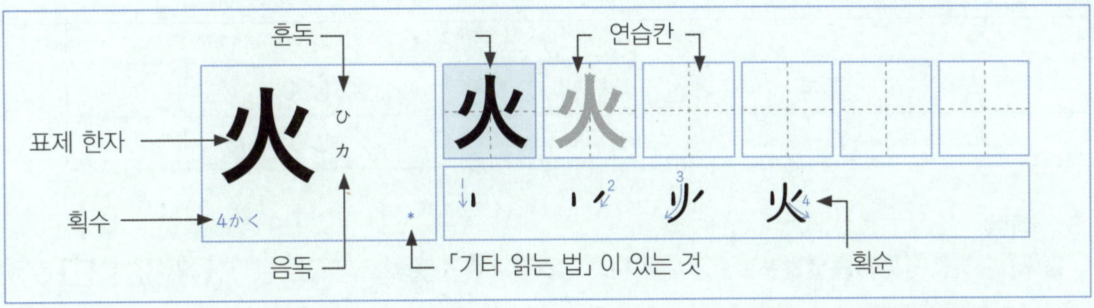

복습 학습한 한자의 정착도를 확인하기 위해 한 장(章)마다 복습 문제를 풉니다. 확인이나 부족한 한자의 발견에 활용해 주세요.

퀴즈 학습에 변화를 주어, 즐겁게 배울 수 있도록 퀴즈도 있습니다. 숙제나 테스트 등에 활용해 주세요.

성과 테스트 5장(章)마다 있습니다. 성과 테스트를 풀고, 자신의 레벨 체크에 이용해 주세요.

목차 이해도 파악을 위해 체크란 ☑ 및 학습일정 (　　/　　)을 첨부하였습니다.
독학인 경우에도 수업에서 사용하는 경우에도, 학습계획이나 정착도의 확인 등에 유용하게 사용하여주세요. 계획을 세워 효율적으로 학습합시다.

읽는 법 상용한자표에 게재되어 있는 것들 중, N5 레벨에 적합한 것을 제시하였습니다. 난이도가 높다고 판단되는 한자에는 *를 붙여, 권말의 「기타 읽는 법」에 정리하였습니다.

漢字学習を始めるにあたって

漢字学習は、漢字の意味と読み方（音訓）、字形（正しい筆順）、画数の習得がポイントです。

1. 訓読みと音読み

漢字の読み方には、訓読みと音読みがあります。

・訓読み：日本語の意味がふくまれています。ひらがなで書きます。

・音読み：中国の読み方をもとに読みます。カタカナで書きます。

2. 送りがな

日本語を文字であらわす場合、「見る」「新しい」のようなことばは、漢字とひらがなを使って書きます。ひらがなで書く部分を「送りがな」といいます。

語幹	語尾（送りがな）	語幹	語尾（送りがな）
見	る	新	しい
見	ます	新	しく
見	た	新	しかった

3. 画数

漢字は、たくさんの線で書きます。たとえば、「口」という漢字は、「丨」、「𠃍」、「口」のように三本の線で書きます。これは「3画」です。これを「画数」といいます。

4. 筆順

筆順は正確で整った字を書くためのものです。基本のルールを覚えたら、正しい形の漢字を書くことができます。

名称	てん	よこ	たて	はらい	おれ	まがり	はね	とめ
例	丶	一	丨	ノ ＼	国	花	丿 亅	木

ルール1　上から下へ

A：上の点画から　　例；三、言

B：上の部分から　　例；金、字

明	日	山	へ	行	き	ま	す

ルール2　左から右へ

A：左の点画から　　例；川、学

B：左の部分から　　例；竹、外

学	生	が	三	人	い	ま	す

（参考）『新しい国語表記ハンドブック第八版』（2018）三省堂

한자 학습을 시작하기에 앞서

한자학습은 한자의 의미와 읽는 법(음훈), 자형(알맞은 획순), 획수의 습득이 포인트입니다.

1. 훈독과 음독

한자를 읽는 법에는 훈독과 음독이 있습니다.

- 훈독 : 일본어의 의미가 들어있습니다. 히라가나로 표기합니다.
- 음독 : 중국의 독음을 바탕으로 읽습니다. 가타카나로 표기합니다.

2. 오쿠리가나

일본어로 문자를 나타낼 때, 「見る」,「新しい」와 같은 단어는 한자와 히라가나를 사용해 표기합니다. 히라가나로 적는 부분을 「오쿠리가나」라고 합니다.

어간	어미(오쿠리가나)	어간	어미(오쿠리가나)
見(み)	る	新(あたら)	しい
見(み)	ます	新(あたら)	しく
見(み)	た	新(あたら)	しかった

3. 획수

한자는 많은 선으로 표기합니다. 예를 들면, ロ는 「丨」, 「𠃍」, 「口」와 같이 3개의 선으로 표기합니다. 이것은 「3획」입니다. 이것을 「획수」라고 합니다.

4. 획순

획순은 정확히 정돈된 글자를 쓰기 위한 것입니다. 기본 규칙을 외우면 올바른 글자를 쓸 수 있습니다

名称	てん	よこ	たて	はらい	おれ	まがり	はね	とめ
例	丶	一	丨	ノ㇏	国	花	亅	木

규칙 1 위에서 아래로

A : 위의 점획에서 예 ; 三、言
B : 위의 부분에서 예 ; 金、字

明	日	山	へ	行	き	ま	す

규칙 2 좌에서 우로

A : 왼쪽의 점획에서 예 ; 川、学
B : 왼쪽 부분에서 예 ; 竹、外

学	生	が	三	人	い	ま	す

(참고)『새로운 국어표기 핸드북 제8판』(2018) 산세이도

1 章(しょう) すうじ

Number
数字
Chữ số

すうじの　かんじを　べんきょうします。

一

二

三

四

五

六

七

八

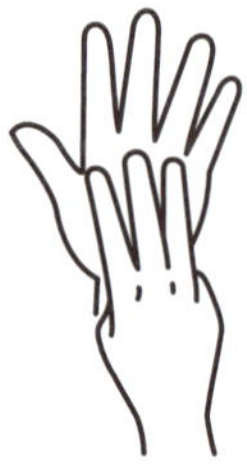

九

十

百

千

万

円

¥

一	ひと-つ イチ (イッ-)	1かく	*
二	ふた-つ ニ	2かく	*

◆ かんじを　よみましょう。

① サンドイッチを　一つと　コーヒーを　二つ　おねがいします。
（　つ）（　つ）

② 100えんの　きってを　一まい　ください。
（　まい）

③ 一がつは　なんにち　ありますか。
（　がつ）

④ 一にちに　ビールを　一ぽん　のみます。
（　にち）（　ぽん）

⑤ うけつけは　二かいです。
（　かい）

◆ かんじを　かきましょう。

① ひとつ　（　つ）　② いちまい　（　まい）

③ いちにち　（　にち）　④ いっこ　（　こ）

⑤ いっぽん　（　ぽん）　⑥ ふたつ　（　つ）

⑦ にだい　（　だい）　⑧ にがつ　（　がつ）

三	みっ-つ サン	3かく

四	よっ-つ よ よん シ	5かく

◆ かんじを　よみましょう。

① レモンを　三つと　りんごを　四つ　かいます。
　（　　つ）（　　つ）

② さいふに　一まんえんさつが　三まい　あります。
　（　　まんえんさつ）（　　まい）

③ 一にちに　四じかん　べんきょうを　します。
　（　　にち）（　　じかん）

④ えんぴつを　四ほん　かいました。
　（　　ほん）

⑤ 四がつに　にゅうがくしきが　あります。
　（　　がつ）

◆ かんじを　かきましょう。

① みっつ	つ	② さんまい	まい
③ さんぼん	ぼん	④ さんさい	さい
⑤ よっつ	つ	⑥ よんほん	ほん
⑦ よじかん	じかん	⑧ しがつ	がつ

五	いつ-つ ゴ	4かく	＊

一 丅 五 五

六	むっ-つ ロク （ロッ-）	4かく	＊

丶 亠 六 六

◆ かんじを　よみましょう。

① スーパーで　トマトを　五つ　かいました。
　［　　］つ

② A：なんにん　かぞくですか。　B：五にん　かぞくです。
　［　　］にん

③ 五がつは　やすみが　たくさん　あります。
　［　　］がつ

④ 六がつは　あめが　おおいです。
　［　　］がつ

⑤ A：そこに　ワインが　なんぼん　ありますか。　B：六ぽん　あります。
　［　　］ぽん

◆ かんじを　かきましょう。

① いつつ　［　　］つ　　② ごにん　［　　］にん

③ ごがつ　［　　］がつ　　④ ごかい　［　　］かい

⑤ むっつ　［　　］つ　　⑥ ろくがつ　［　　］がつ

⑦ ろくじ　［　　］じ　　⑧ ろっぽん　［　　］ぽん

七 なな-つ シチ 2かく ＊	七	七				
	一 七					
八 やっ-つ ハチ (ハッ-) 2かく ＊	八	八				
	ノ 八					

◆ かんじを　よみましょう。

① A：パソコンうりばは　なんかいですか。　B：七かい　です。
　　かい

② 七がつに　たなばたが　あります。
　　がつ

③「七五三」は　こどもの　おいわいです。

④ にほんの　八がつは　あついです。
　　がつ

⑤ シュークリームを　八こ　かいましょう。
　　こ

◆ かんじを　かきましょう。

① ななつ　＿＿つ　　② ななまい　＿＿まい

③ しちがつ　＿＿がつ　　④ しちごさん　＿＿

⑤ やっつ　＿＿つ　　⑥ はちがつ　＿＿がつ

⑦ はっぽん　＿＿ぽん　　⑧ はちまい　＿＿まい

九	ここの-つ キュウ ク	2かく ＊

十	とお ジュウ ジッ	2かく ＊

◆ かんじを　よみましょう。

① きょうは　パーティーです。ケーキを　九こ　かいました。

② きのう　九じから　十じまで　テレビを　みました。

③ やきゅうは　九にんで　一つの　チームです。

④ A：たんじょうびは　いつですか。　B：九がつ　十かです。

⑤ うちから　がっこうまで　でんしゃで　二十ぷんです。

◆ かんじを　かきましょう。

① ここのつ　＿＿つ　② ここのか　＿＿か

③ きゅうにん　＿＿にん　④ くじ　＿＿じ

⑤ とおか　＿＿か　⑥ じゅうにん　＿＿にん

⑦ じゅうじ　＿＿じ　⑧ さんじっぷん　＿＿ぷん

百	ヒャク （ヒャッ-） （-ビャク） （-ピャク）
6かく	

一 丆 丆 丙 百 百

千	セン （-ゼン）
3かく	＊

一 二 千

◆ かんじを　よみましょう。

① アークアカデミーに　あたらしい　がくせいが　百にん　きました。
（　　にん）

② 一ねんは　三百六十五にちです。
（　　ねん）（　　にち）

③ いま　さいふに　千えんさつが　ありません。
（　　えんさつ）

④ このかばんは　九千八百えんでした。
（　　えん）

⑤ 三千えんの　くつを　かいました。
（　　えん）

◆ かんじを　かきましょう。

① ひゃくにん（　　にん）

② ひゃっこ（　　こ）

③ さんびゃくにん（　　にん）

④ ろっぴゃくえん（　　えん）

⑤ せんにん（　　にん）

⑥ はっせんえん（　　えん）

⑦ さんびゃくろくじゅうごにち（　　にち）

万　マン
3かく　＊

一　丁　万

円　エン
4かく　＊

丨　冂　円　円

◆かんじを　よみましょう。

① さくらだいがくは　がくせいが　一万九千にん　います。
　　にん

② わたしの　まちは　七百万にんの　ひとが　すんでいます。
　　にん

③ いま　一万円さつを　もっていますか。
　　さつ

④ A：このくるまは　いくらですか。　B：三百万円です。

⑤ 五百ドルを　円に　かえてください。
　　ドル

◆かんじを　かきましょう。

① にまんにん　　にん

② ごひゃくまんにん　　にん

③ ひゃくえん

④ せんえん

⑤ いちまんえん

⑥ じゅうまんえん

⑦ ひゃくまんえん

⑧ いっせんまんえん

1章 ふくしゅう

1. かんじを　よみましょう

① すみません。みずを　三つ　ください。	①　　つ
② つくえの　うえに　コップが　五つ　あります。	②　　つ
③ ペンを　一ぽん　かいました。	③　　ぽん
④ すみません。きってを　二まい　ください。	④　　まい
⑤ まいあさ　九じに　じゅぎょうが　はじまります。	⑤　　じ
⑥ でんしゃで　四十ぷん　かかります。	⑥　　ぷん
⑦ レストランは　七かいに　あります。	⑦　　かい
⑧ このふくは　三千円でした。	⑧
⑨ ここから　しぶやまで　四百円です。	⑨
⑩ がくせいが　三百にん　います。	⑩　　にん

2. かんじを　かきましょう

① きのうは　よじかん　ねました。	①　　じかん
② しちごさんは　こどもの　おいわいです。	②
③ わたしは　アパートの　にかいに　すんでいます。	③　　かい
④ テーブルに　みかんが　ろっこ　あります。	④　　こ
⑤ じゅうまんえんの　パソコンを　かいました。	⑤
⑥ パーティーの　かいひは　きゅうせんえんです。	⑥
⑦ サッカーは　じゅういちにんで　一(ひと)つの　チームです。	⑦　　にん
⑧ かさたてに　かさが　はっぽん　あります。	⑧　　ぽん
⑨ このおべんとうは　ろっぴゃくえんでした。	⑨
⑩ いちにちに　二(に)じかん　にほんごを　べんきょうします。	⑩　　にち

ひにちの　よみかた

12がつ

SUN	MON	TUE	WED	THU	FRI	SAT
				1 ついたち	2 ふつか	3 みっか
4 よっか	5 いつか	6 むいか	7 なのか	8 ようか	9 ここのか	10 とおか
11 じゅう いちにち	12 じゅう ににち	13 じゅう さんにち	14 じゅう よっか	15 じゅう ごにち	16 じゅう ろくにち	17 じゅう しちにち
18 じゅう はちにち	19 じゅう くにち	20 はつか	21 にじゅう いちにち	22 にじゅう ににち	23 にじゅう さんにち	24 にじゅう よっか
25 にじゅう ごにち	26 にじゅう ろくにち	27 にじゅう しちにち	28 にじゅう はちにち	29 にじゅう くにち	30 さんじゅう にち	31 さんじゅう いちにち

かずの　かぞえかた

1	2	3	4	5	6	7	8	9	10
ひとつ	ふたつ	みっつ	よっつ	いつつ	むっつ	ななつ	やっつ	ここのつ	とお
いっこ	にこ	さんこ	よんこ	ごこ	ろっこ	ななこ	はっこ はちこ	きゅうこ	じっこ じゅっこ

1章(しょう) クイズ

1. ちいさいほうから　ならべましょう。

れい

八　三　四　→　三 < 四 < 八

① 九　二　七　→　□ < □ < □

② 五　八　六　→　□ < □ < □

③ 万　千　百　→　□ < □ < □

2. かんじで　かずを　かぞえましょう。よみかたも　かきましょう。

れい

三 にん

〔さん　にん〕

①

□ ぽん

〔　　ぽん〕

②

□ だい

〔　　だい〕

③

□ まい

〔　　まい〕

④

□ こ

〔　　こ〕

⑤

□ さつ

〔　　さつ〕

3. あわせて　いくらですか。かんじを　かきましょう。

れい　Tシャツ ¥1,000 ＋かばん ¥2,500 ＝ 三千五百円

① シャープペン ¥200 ＋ノート ¥480 ＝ ＿＿＿＿＿

② ハンバーガー ¥300 ＋ジュース ¥170 ＝ ＿＿＿＿＿

③ でんしじしょ ¥30,000 ＋でんち ¥107 ＝ ＿＿＿＿＿

④ マンション ¥50,000,000
＋くるま ¥2,000,000 ＝ ＿＿＿＿＿＿

⑤ パン ¥500 ＋ワイン ¥1,780 ＝ ＿＿＿＿＿＿＿

4. はがきに　じゅうしょを　かきましょう。

すずき　たかし　さんへ

じゅうしょ
とうきょうと　ぶんきょうく
にしこうらく　① 2-14-9
アークビル　② 3がい

やました　けいこ　より

じゅうしょ
しんじゅくく　しんじゅくきた
③ 6-17-18
ARC ハイツ　④ 503

郵便はがき
□□□-□□□□

とうきょうと　ぶんきょうく
にしこうらく ① ＿－＿－＿
アークビル ② ＿ がい

すずき　たかし　さま

しんじゅくく　しんじゅくきた
③ ＿－＿－＿
ARC ハイツ ④ ＿
やました　けいこ

2章(しょう) カレンダー

Calendar
日历
Ngày tháng

えから　できた　かんじです。
カレンダーの　かんじを　べんきょうしましょう。

月

火

水

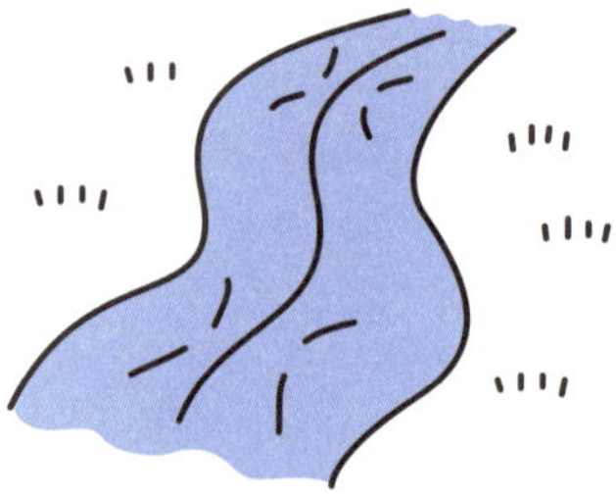

木

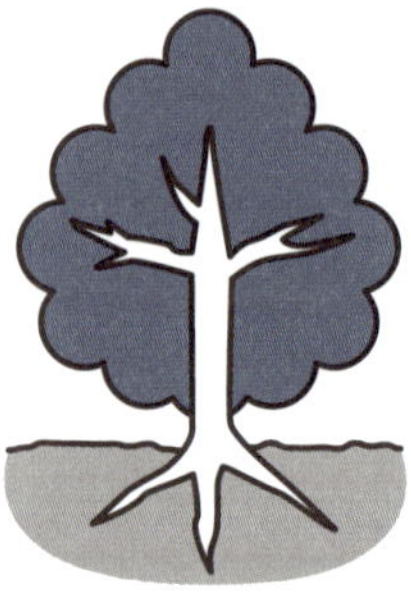

金

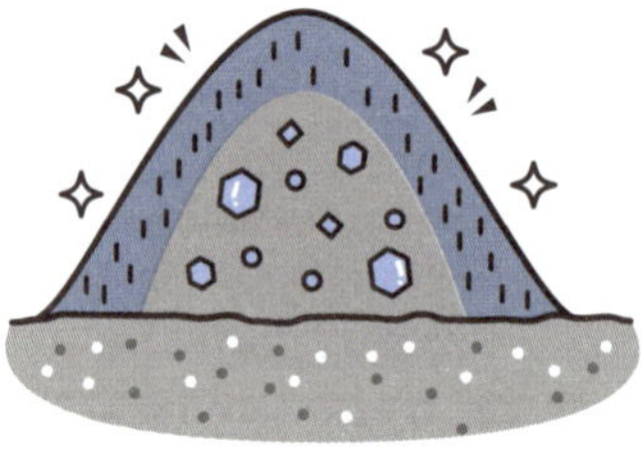

土

日

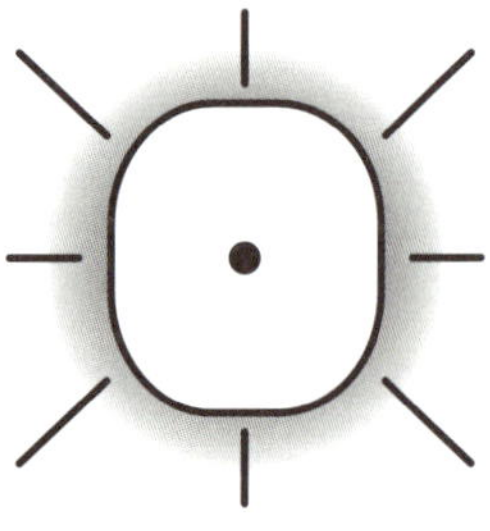

年

月 つき ゲツ ガツ 4かく	月	月				
	丿	冂	月	月		

火 ひ カ 4かく ＊	火	火				
	丶	丷	䒑	火		

◆ かんじを　よみましょう。

① こんやの　月は　とても　きれいです。

② らいしゅうの　月ようびに　テストが　あります。
　（　　ようび）

③ こん月　くにへ　かえります。
　（こん　　）

④ ９月は　しゅくじつが　２か　あります。
　（く　　）

⑤ だんろの　火は　あたたかいです。

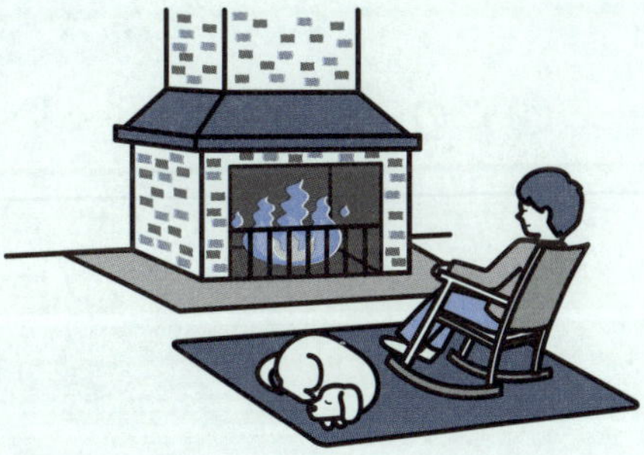

◆ かんじを　かきましょう。

① つき		② げつようび	ようび
③ こんげつ	こん	④ １かげつ	１か
⑤ 11がつ	11	⑥ ひ	
⑦ たばこの　ひ	たばこの	⑧ かようび	ようび

水	みず スイ
4かく	

丿 刁 水 水

木	き ボク モク
4かく	＊

一 十 才 木

◆ かんじを　よみましょう。

① のどが　かわきました。水が　のみたいです。

② 水ようびは　えいがが　やすいです。
（　　ようび）

③ えきの　まえに　さくらの　木が　あります。
（さくらの　　）

④ このこうえんは　ふるい　たい木が　ゆうめいです。
（たい　　）

⑤ まいしゅう　木ようびに　かいぎが　あります。
（　　ようび）

◆ かんじを　かきましょう。

① みず（　　）

② すいようび（　　ようび）

③ すいえい（　　えい）

④ こうすい（こう　　）

⑤ りんごの　き（りんごの　　）

⑥ たいぼく（たい　　）

⑦ もくようび（　　ようび）

金	かね キン	8かく ＊
金	金	ノ ヘ 今 全 余 金

土	つち ド	3かく ＊
土	土	一 十 土

◆ かんじを　よみましょう。

① レジで　お金を　はらいます。

お

② デパートで　金の　ネックレスを　かいました。

③ 金ようびに　みんなで　おさけを　のみに　いきます。

ようび

④ 土から　ちいさい　めが　でました。

⑤ まいしゅう　土ようびは　やすみです。

ようび

◆ かんじを　かきましょう。

① おかね　お

② きん

③ きんようび　ようび

④ げんきん　げん

⑤ りょうきん　りょう

⑥ つち

⑦ どようび　ようび

日	ひ (-び) (-ぴ) か ニチ ジツ	4かく

日 日

年	とし ネン	6かく

年 年

◆ かんじを　よみましょう。

① らいしゅうの　日よう日は　ははの日です。
　よう　ははの

② せい年月日を　おしえてください。
　せい

③ 七月七日は　たなばたです。

④ まい年　たんじょう日に　はなを　あげます。
　まい　たんじょう

⑤ ２年まえ　イタリアへ　りょこうに　いきました。
　に　まえ

◆ かんじを　かきましょう。

① ちちのひ　ちちの
② たんじょうび　たんじょう
③ きゅうじつ　きゅう
④ むいか
⑤ せいねんがっぴ　せい
⑥ とし
⑦ 2025ねん　2025
⑧ きょねん　きょ

2章（しょう）　ふくしゅう

1. かんじを　よみましょう

文	こたえ
① 3年まえに　にほんへ　きました。	① さん
② つめたい　水が　のみたいです。	②
③ ここに　せい年月日を　かいてください。	③ せい
④ やましたさんは　1か月まえに　けっこんしました。	④ いっか
⑤ らい月　ともだちが　にほんへ　あそびに　きます。	⑤ らい
⑥ いま　お金が　ぜんぜん　ありません。	⑥ お
⑦ きゅう日は　うちで　ゆっくり　やすみます。	⑦ きゅう
⑧ こどもに　木の　おもちゃを　プレゼントしました。	⑧
⑨ まいしゅう　火よう日に　かいわの　れんしゅうをします。	⑨　よう
⑩ 五月五日は　こどもの　日（ひ）です。	⑩

2. かんじを　かきましょう

文	こたえ
① いつか　つきへ　いきたいです。	①
② げんきんで　とけいを　かいます。	② げん
③ こうえんに　さくらの　きが　たくさん　あります。	③ さくらの
④ きょねん　はじめて　にほんへ　きました。	④ きょ
⑤ たばこに　ひを　つけます。	⑤
⑥ なかやまさんの　としは　二十五（にじゅうご）さいです。	⑥
⑦ せんしゅうの　すいようびに　ほんを　かりました。	⑦　よう
⑧ どようびに　ともだちと　えいがを　みに　いきます。	⑧　よう
⑨ じゅうにがつに　くにへ　かえります。	⑨
⑩ あしたは　きんようびです。テストが　あります。	⑩　よう

2章(しょう) クイズ

1. なんがつですか。［　　　］に　よみかたも　かきましょう。

（れい）にゅうがくしき

四 月

［　しがつ　］

① つゆ

□ 月

［　　　　］

② 七五三

□□ 月

［　　　　］

③ クリスマス

□□ 月

［　　　　］

2. なんがつ　なんにちですか。［　　　］に　よみかたも　かきましょう。

（れい）がんじつ

Jan.

一 月 一 日

［いちがつ　ついたち］

① ひなまつり

Mar.

□□□□

［　　　　］

② こどものひ

May

□□□□

［　　　　］

③ たなばた

Jul.

□□□□

［　　　　］

3. カレンダーです。

（1）カレンダーに　かんじで　ようび（①～⑥）を　かきましょう。

9がつ

日	①〔　　〕	②〔　　〕	③〔　　〕	④〔　　〕	⑤〔　　〕	⑥〔　　〕
				1	2	3
4	5	6	7	8	9	10
11	12	13	14	15	16 テスト	17
18	19	20 たんじょうび	21	22	23	24 しょくじ
25	26	27	28	29	30	

（2）カレンダーを　みて　こたえましょう。□に　かんじ、〔　　〕に　よみかたを　かきましょう。

① Q：なんがつですか。　A：□□です。
〔　　　　〕

② Q：たんじょうびは　いつですか。　A：□□□です。
〔　　　　　　〕

③ Q：テストは　なんにちですか。なんようびですか。
A：□□□、□よう□です。
〔　　　　　　〕〔　　よう　　〕

④ Q：たなかさんと　しょくじに　いきます。なんにちですか。なんようびですか。
A：□□□□、□よう□です。
〔　　　　　　〕〔　　よう　　〕

3章 人

Person
人
Con người

えから　できた　かんじです。 人の　かんじを　べんきょうします。

人

口

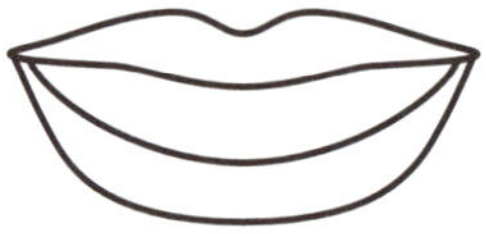

目

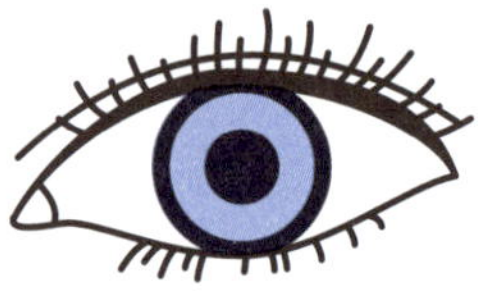

耳

手

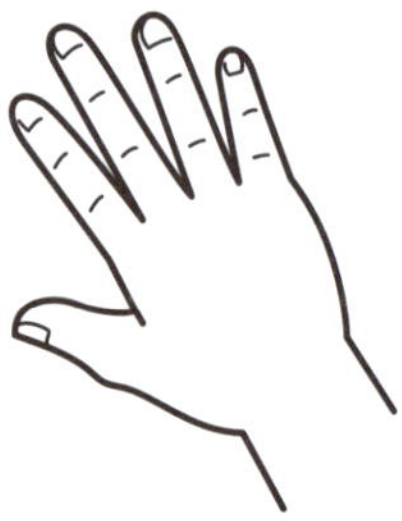

足

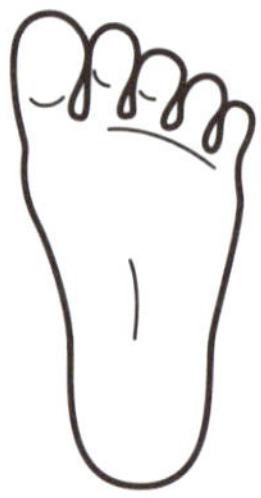

力

王

人　ひと　ジン　ニン　2かく	人 人
	ノ 人
口　くち　(－ぐち)　コウ　3かく　＊	口 口
	丨 冂 口

◆ かんじを　よみましょう。

① とうきょうは　人が　おおいです。

② にほん人は　よく　はたらきますか。
にほん

③ きょうの　パーティーに　なん人　きますか。
なん

④ 口を　あけてください。

⑤ とうきょうの　人口は　なん人ですか。
なん

◆ かんじを　かきましょう。

① ひと

② アメリカじん　アメリカ

③ さんにん

④ なんにん　なん

⑤ おおきいくち　おおきい

⑥ くちべに　べに

⑦ かいさつぐち　かいさつ

⑧ じんこう

●とくべつなことば…一人：ひとり　二人：ふたり

目	めモク	5かく	＊

耳	みみジ	6かく

◆ かんじを　よみましょう。

① 目が　あまり　よくないですから　めがねを　かけています。

② しんじゅくは　しぶやから　いくつ目の　えきですか。
いくつ

③ りゅうがくの　目てきは　なんですか。
てき

④ プールで　耳に　水が　はいりました。

⑤ 耳びかで　耳に　ピアスの　あなを　三つ　あけました。
びか　つ

◆ かんじを　かきましょう。

① め

② めざましどけい　ざましどけい

③ めぐすり　ぐすり

④ ひとつめ　つ

⑤ もくてき　てき

⑥ みみ

⑦ じびか　びか

手	てシュ	4かく ＊

足	あし たーす ソク (ーゾク)	7かく ＊

◆ かんじを　よみましょう。

① にほん人は　手で　すしや　おにぎりを　たべます。
にほん

② くにの　ともだちに　手がみを　かきました。ゆうびんきょくで　きっ手を　かいます。
がみ　きっ

③ カレンさんは　モデルです。足が　ながくて　スタイルが　とても　いいです。

④ わたしは　くつを　三十足　もっています。

⑤ スープに　すこし　しおを　足してください。
して

◆ かんじを　かきましょう。

① てがみ　　がみ
② きって　きっ
③ あくしゅ　あく
④ うんてんしゅ　うんてん
⑤ てあし
⑥ たす　　す
⑦ いっそく
⑧ さんぞく

力 ちから リョク 2かく ＊	力 力				
	丿 力				
王 オウ 4かく	王 王				
	一 T 干 王				

◆ かんじを　よみましょう。

① かれは　つよくて　力が　あります。

② 火力が　つよいです。きを　つけてください。

③ みんなで　きょう力して　しごとを　します。
きょう

④ コンタクトレンズを　つくります。まず　し力を　しらべます。
し

⑤ わたしの　くにに　王さまが　います。
さま

◆ かんじを　かきましょう。

① ちから

② かりょく

③ きょうりょく　きょう

④ しりょく　し

⑤ がくりょくテスト　がく　テスト

⑥ おうさま　さま

3章(しょう)　ふくしゅう

1. かんじを　よみましょう

① ジョンさんは　アメリカ人です。	① アメリカ
② わたしは　一人で　にほんへ　きました。	②
③ 足を　けがして　びょういんへ　いきました。	③
④ しぶやえきの　かいさつ口で　ともだちと　あいます。	④ かいさつ
⑤ あした　がっこうで　がく力テストが　あります。	⑤ がく　　テスト
⑥ いつも　目ざましどけいを　７じに　セットしています。	⑥ 　ざましどけい
⑦ きのう　耳びかへ　いきました。	⑦ 　びか
⑧ くにの　りょうしんに　手がみを　かきました。	⑧ 　がみ
⑨ ゆうびんきょくで　きっ手を　五(ご)まい　かいます。	⑨ きっ
⑩ とうきょうの　人口を　しっていますか。	⑩

2. かんじを　かきましょう

① ジョンさんは　ちからが　とても　つよいです。	①
② しんじゅくえきは　ひとが　とても　おおいです。	②
③ クラスの　がくせいは　ぜんぶで　にじゅうにん　います。	③
④ しんおおさかは　なごやから　ふたつめです。	④ 　つ
⑤ ドラッグストアで　めぐすりを　かいました。	⑤ 　ぐすり
⑥ わたしの　くにの　おうさまは　せが　たかいです。	⑥ 　さま
⑦ わたしの　ちちは　タクシーの　うんてんしゅです。	⑦ うんてん
⑧ みみが　いたいですから　びょういんへ　いきました。	⑧
⑨ デパートで　くつしたを　にそく　かいました。	⑨
⑩ スープに　しおを　たしてください。	⑩ 　して

3章（しょう） クイズ

1. かんじを　つくりましょう。

（れい）	ノ	＋	丶	＝	人
①	ㄴ	＋	ㄱ	＝	
②	口	＋	止	＝	
③	言	＋	丁	＝	
④	丅	＋	二	＝	
⑤	丅	＋	丰	＝	
⑥	フ	＋	ノ	＝	

2. からだの　どこに　しますか。□に　かんじを　一つ（ひと）　かきましょう。

（れい）口べに　⇒　口

① くつ	⇒		② サングラス	⇒
③ ピアス	⇒		④ ゆびわ	⇒
⑤ うでどけい	⇒		⑥ ハイヒール	⇒
⑦ ヘッドホン	⇒		⑧ マニキュア	⇒

3. ぶんの　かんじを　よみましょう。

モデルの　かおりさんは　どんな　人？

① かおりさんは　目が　おおきいです。

② かおりさんは　足が　ながくて　スタイルが　いいです。

③ かおりさんの　手は　いつも　きれいです。

④ かおりさんは　耳に　ピアスの　あなが　五(いつ)つも　あります。

⑤ かおりさんは　しんせつで　すてきな　人です。

⑥ がくせいのとき　がく力テストで　いつも　一(いち)ばんでした。あたまが　いいです。

がく　　　テスト

4. ぶんを　よんで　かんじを　かきましょう。

① きのう　おおきい　びょういんへ　いきました。□が　たくさん　いました。

② 日(に)よう日(ち)(び)　サッカーをして　□を　けがしました。

③ きのう　一日中(いちにちじゅう)　テレビを　みました。□が　あかいです。

④ プールで　およぎました。水(みず)が　□に　はいって　いたいです。

⑤ ゆうべ　りょうりのとき　ほうちょうで　□を　きりました。

⑥ ふゆは　かんそうしますから　□に　リップクリームを　つけます。

⑦ たなかさんは　まいにち　うんどうしますから　つよくて　□が　あります。

手　人　耳　足　目　力　口

4章(しょう) しぜん ー１

Nature 1
自然 1
Tự nhiên 1

えから　できた　かんじです。
しぜんの　かんじを　べんきょうします。

山

川

田

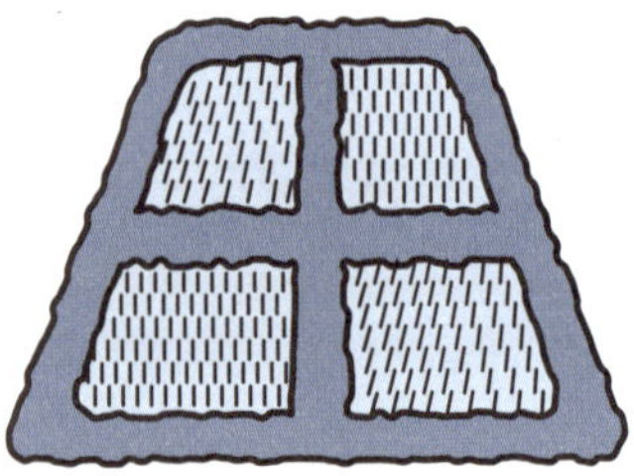

石

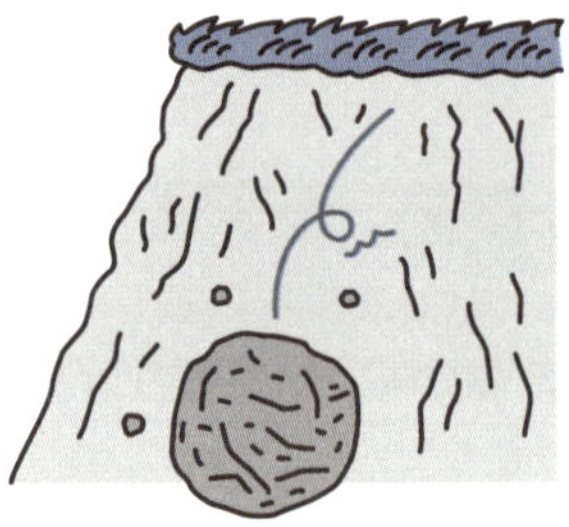

花

竹

雨

虫

山	やま サン （－ザン）	3かく
川	かわ （－がわ）	3かく ＊

◆ かんじを　よみましょう。

① にほんは　山が　たくさん　あります。

② 日よう日　ともだちと　いっしょに　ふじ山に　のぼりました。
　よう　　ふじ

③ まい日　山の手せんで　がっこうへ　いきます。
　まい　　の　せん

④ わたしの　くには　山や　川が　たくさん　あります。

⑤ ナイル川は　せかいで　一ばん　ながいです。
　ナイル　　ばん

◆ かんじを　かきましょう。

① にほんの　やま　にほんの

② ふじさん　ふじ

③ かざん

④ かわ

⑤ アマゾンがわ　アマゾン

⑥ やまかわさん　さん

⑦ かわぐちさん　さん

田	た (-だ) デン	5かく

石	いし セキ	5かく ＊

◆ かんじを　よみましょう。

① とうきょうに　田んぼが　ありますか。
（　　んぼ）

② 水田で　こめを　つくります。
（　　　）

③ 川で きれいな　こ石を　ひろいました。
（　　　）（こ　　）

④ アンさんは　ダイヤモンドや　ルビーなどの　ほう石を　たくさん　もっています。
（ほう　　）

⑤ あぶないですから　石を　なげてはいけません。
（　　　）

◆ かんじを　かきましょう。

① たんぼ　（　　んぼ）
② すいでん　（　　　）
③ やまださん　（　　さん）
④ いし　（　　　）
⑤ こいし　（こ　　）
⑥ ほうせき　（ほう　　）
⑦ いしださん　（　　さん）

花	はな カ	7かく
竹	たけ チク	6かく

◆ かんじを　よみましょう。

① テーブルの　うえの　花びんに　花を　いれてください。
（　　びん）（　　）

② クリスマスに　バラの　花たばを　プレゼントします。
（　　たば）

③ 土よう日　ともだちと　こうえんへ　花火を　みに　いきました。
（　よう　）（　　）

④ まい日　ベランダの　花に　水を　やってから　かいしゃへ　いきます。
（まい　）（　　）（　　）

⑤ パンダは　竹を　たくさん　たべます。
（　　）

◆ かんじを　かきましょう。

① はな（　　）
② かびん（　　びん）
③ はなみ（　　み）
④ はなび（　　）
⑤ はなたば（　　たば）
⑥ たけ（　　）
⑦ たけのこ（　　のこ）
⑧ ちくりん（　　りん）

雨 あめ ウ

8かく ＊

雨 雨

一 丆 丙 币 币 雨

虫 むし チュウ

6かく

虫 虫

丨 口 口 中 虫 虫

◆ かんじを　よみましょう。

① にほんは　六月に　雨が　たくさん　ふります。

② たいふうが　きて　おお雨が　ふりました。

おお

③ 日よう日の　バーベキューは　雨てんちゅうしです。

よう　てん

④ ちいさい　虫が　花の　まわりを　とんでいます。

⑤ こん虫の　ほんを　かいました。

こん

◆ かんじを　かきましょう。

① あめ

② おおあめ　おお

③ うてん　てん

④ けむし　け

⑤ むしば　ば

⑥ こんちゅう　こん

4章(しょう)　ふくしゅう

1. かんじを　よみましょう

もんだい	こたえ
① あぶないですから　石を　なげてはいけません。	①
② まい日(にち)　山の手せんで　がっこうへ　いきます。	② 　の　せん
③ 水田で　こめを　つくります。	③
④ このクラスの　たんにんは　川口せんせいです。	④ 　せんせい
⑤ にほんで　一(いち)ばん　ながい川は　どこに　ありますか。	⑤
⑥ にほんは　山が　おおい　くにです。	⑥
⑦ ダイヤモンドや　ルビーなどの　ほう石は　たかいです。	⑦ ほう
⑧ 花びんを　テーブルの　うえに　おきました。	⑧ 　びん
⑨ はるは　竹のこが　おいしいです。	⑨ 　のこ
⑩ にほんは　6月(がつ)に　雨が　たくさん　ふります。	⑩

2. かんじを　かきましょう

もんだい	こたえ
① ことしの　なつやすみは　ふじさんへ　いきたいです。	① ふじ
② やまださんは　ハンサムで　すてきな人(ひと)です。	② 　さん
③ たんぼに　カエルや　かもが　います。	③ 　んぼ
④ まいあさ　ベランダの　はなに　水(みず)を　やります。	④
⑤ 川(かわ)で　きれいな　こいしを　ひろいました。	⑤ こ
⑥ ははの日(ひ)に　カーネーションの　はなたばを　あげました。	⑥ 　たば
⑦ なつやすみに　はなびを　みに　いきます。	⑦
⑧ こどもが　こんちゅうの　ほんを　よんでいます。	⑧ こん
⑨ うちの　ちかくの　山(やま)に　ちくりんが　あります。	⑨ 　りん
⑩ たいふうで　おおあめが　ふりました。	⑩ おお

4章 クイズ

1. かんじを　かきましょう。

（れい）

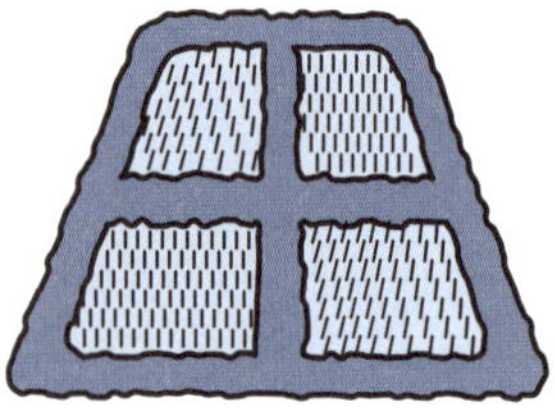

田

①

②

③

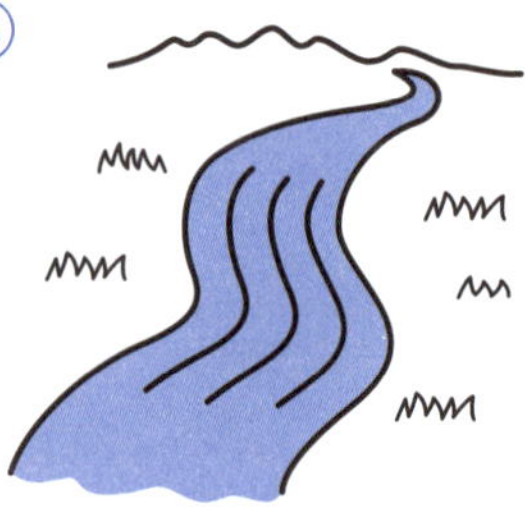

④

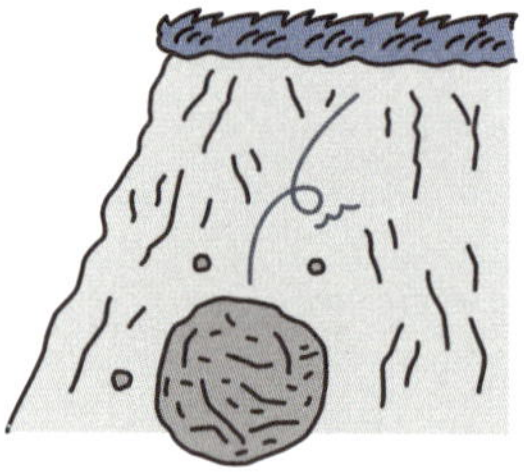

⑤

2. かんじを　つくりましょう。

	よみかた	かんじ			
れい	ひと	人			
①	やま	凵	②	かわ	ノ
③	て	三	④	いし	丆
⑤	た	冂	⑥	あし	口
⑦	たけ	𠂉	⑧	あめ	冂

3. にほん人(じん)の　なまえです。　かんじを　かきましょう。

① ＿＿＿さんは　アイスクリームを　たべています。

② ＿＿＿さんは　コップを　もっています。

③ ＿＿＿さんは　おどっています。

④ ＿＿＿さんは　ジュースを　のんでいます。

⑤ ＿＿＿さんは　しゃしんを　とっています。

⑥ ＿＿＿さんは　うたを　うたっています。

4. ぶんを　よんで　かんじを　よんだり　かいたり　しましょう。

日よう日　ともだちと　いっしょに　山へ　いきました。どようびは　雨でしたが、

① ＿＿よう　② ＿＿　③ ＿＿よう　④ ＿＿

日よう日は　はれでした。あさ　10じから　山に　のぼりました。

山には　はなが　たくさん　さいていました。とても　きれいでした。

⑤ ＿＿

きれいな　むしも　いました。川の　ちかくで　おべんとうを　たべました。

⑥ ＿＿　⑦ ＿＿

それから　みずあそびを　しました。

⑧ ＿＿

たくさん　あるきましたから　あしが　つかれました。

⑨ ＿＿

5章（しょう） ばしょ

Place
地方
Địa điểm, vị trí

きごうから　できた　かんじを　べんきょうします。

上　　下

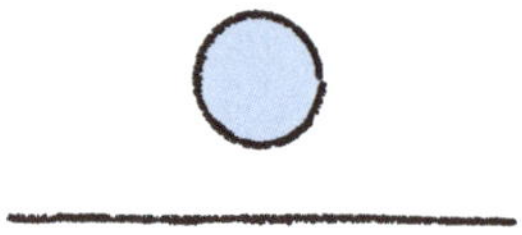

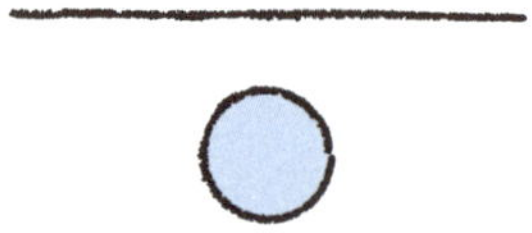

左　　右

外　　内　　中

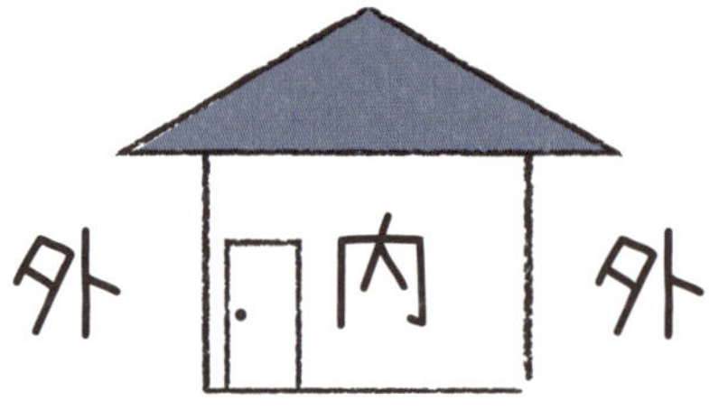

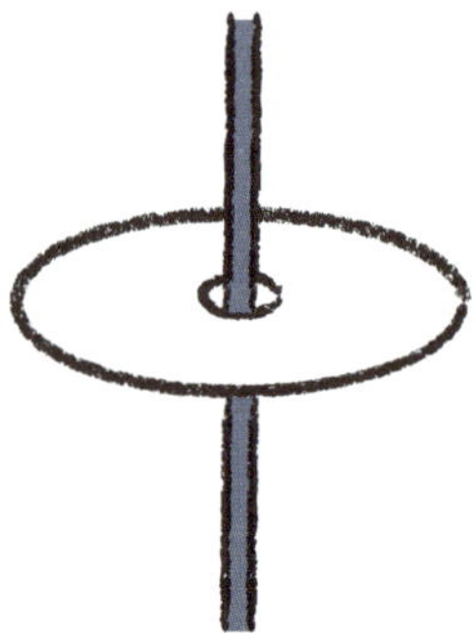

上	うえ あ－がる のぼ－る ジョウ	３かく	＊
下	した さ－がる くだ－る ゲ	３かく	＊

◆かんじを　よみましょう。

① つくえの　上に　なにが　ありますか。いすの　下に　なにが　ありますか。

② エレベーターが　四かいに　上がりました。
（　　かい）（　　がりました）

③ 水上スキーは　とても　おもしろい　スポーツです。

④ ふゆは　きおんが　下がります。だいたい　五どから　十どくらいです。
（　　がります）（　　ど）（　　ど）

⑤ さかを　下ってください。さかの　下に　わたしの　うちが　あります。
（　　って）

◆かんじを　かきましょう。

① としうえ　　② あがる（　　がる）

③ のぼりのでんしゃ（　　りのでんしゃ）　　④ じょうげ

⑤ としした　　⑥ したぎ（　　ぎ）

⑦ さがる（　　がる）　　⑧ くだりのでんしゃ（　　りのでんしゃ）

●とくべつなことば…上ぎ：うわぎ

左 ひだり サ 5かく	左 左				
	一 ナ 左 左 左				

右 みぎ ウ 5かく ＊	右 右				
	ノ ナ 右 右 右				

◆かんじを　よみましょう。

① こうさてんは　右と　左を　よく　みてから　わたってください。

② あなたは　右ききですか。左ききですか。

きき　きき

③ にほんは　くるまが　左がわを　はしります。人が　右がわを　あるきます。

がわ　がわ

④ まっすぐ　いって　あのかどを　右に　まがってください。

⑤ ここで　右せつしないでください。

せつ

◆かんじを　かきましょう。

① ひだり　　② ひだりあし

③ させつ　せつ　　④ つくえのみぎ　つくえの

⑤ みぎて　　⑥ うせつ　せつ

⑦ みぎがわ　がわ

●とくべつなことば…左右：さゆう

外	そと ガイ	5かく	*
書き順	ノ ク タ 外 外		

内	うち ナイ	4かく	*
書き順	ｌ 冂 内 内		

◆ かんじを　よみましょう。

① みなさん　きょうしつの　外に　でてください。

② 山口せんせいは　いま　外しゅつしています。また　あとで　でんわしてください。
　せんせい　しゅつ

③ にほんから　一ばん　ちかい　外こくは　どこですか。
　ばん　こく

④ まどの　内がわも　外がわも　きれいに　ふいてください。
　がわ　がわ

⑤ かぜを　ひきましたから　内かへ　いきました。
　か

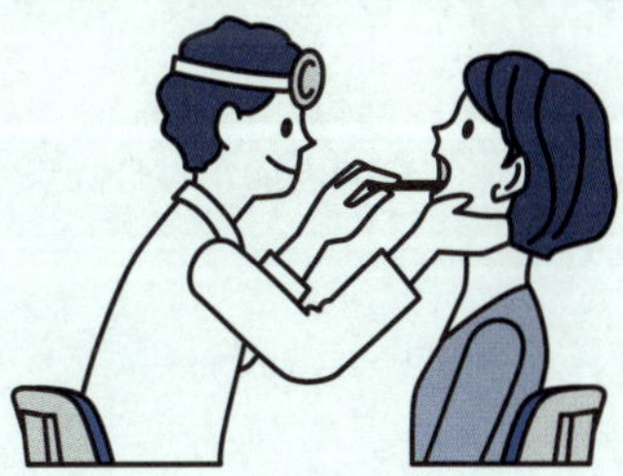

◆ かんじを　かきましょう。

① そと
② そとがわ　がわ
③ がいしゅつ　しゅつ
④ がいこく　こく
⑤ うちがわ　がわ
⑥ こうない　こう
⑦ こくない　こく
⑧ ないか　か

中	なか チュウ ジュウ
4かく	

◆ かんじを　よみましょう。

① くるまの　中に　かばんが　あります。だれの　かばんですか。

② さいふの　中に　一万円　はいっています。

③ 水中で　目を　あけることが　できますか。

④ マイクさんは　かいぎ中ですから　いま　いません。
かいぎ

⑤ きのうは　やすみでしたから　一日中　べんきょうしました。

◆ かんじを　かきましょう。

① へやの　なか　へやの

② くるまの　なか　くるまの

③ すいちゅう

④ しごとちゅう　しごと

⑤ じゅぎょうちゅう　じゅぎょう

⑥ いちにちじゅう

5章(しょう) ふくしゅう

1. かんじを よみましょう

① おとうとは 三(さん)さい 年下です。	①
② かいだんで 三(さん)がいまで 上がってください。	② がって
③ つくえの 上に なにが ありますか。	③
④ 二(に)ばんホームに 下りの でんしゃが きます。	④ り
⑤ わたしの しゅみは 水上スキーです。	⑤
⑥ きょうは 一日中 あつかったです。	⑥
⑦ 左右を よく みて おうだんほどうを わたってください。	⑦
⑧ 山口(やまぐち)せんせいは いま 外しゅつしています。	⑧ しゅつ
⑨ まどの 内がわも よく ふいてください。	⑨ がわ
⑩ このかどを 右に まがってください。	⑩

2. かんじを かきましょう

① としうえの 人(ひと)と けっこんしたいです。	①
② あついですから そとに でたくないです。	②
③ いすの したに ねこが います。	③
④ せいせきが さがりました。かなしいです。	④ がりました
⑤ みなさん つくえの みぎがわに たってください。	⑤ がわ
⑥ わたしは ひだりききです。	⑥ きき
⑦ じょうげで 3000円(えん)のふくを かいました。	⑦
⑧ なつやすみに 一人(ひとり)で こくないを りょこうしました。	⑧ こく
⑨ かばんの なかに ペットボトルの 水(みず)が あります。	⑨
⑩ 山田(やまだ)せんせいは いま じゅぎょうちゅうです。	⑩ じゅぎょう

5章(しょう)　クイズ

1. どんな　かんじが　できますか。かんじを　かきましょう。

（れい）

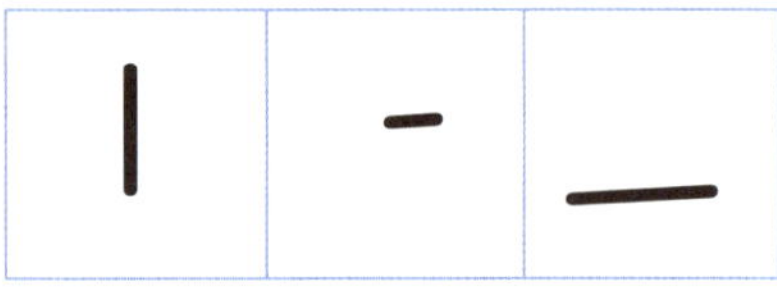 …………………… 上

①  ……………………

② 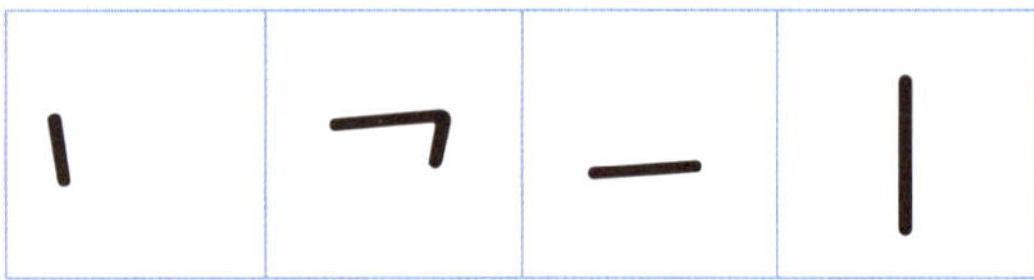 ……………………

③ 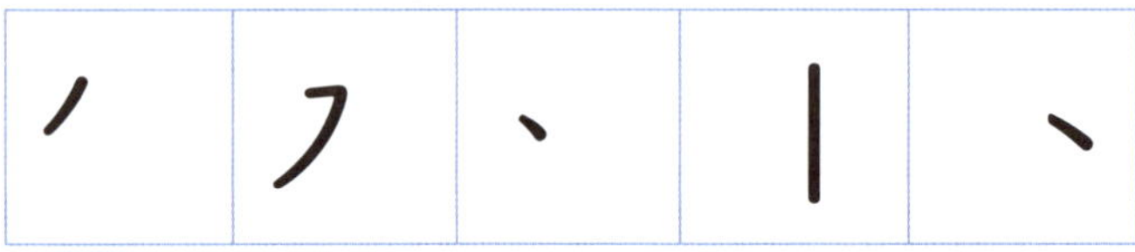 ……………………

④  ……………………

⑤ 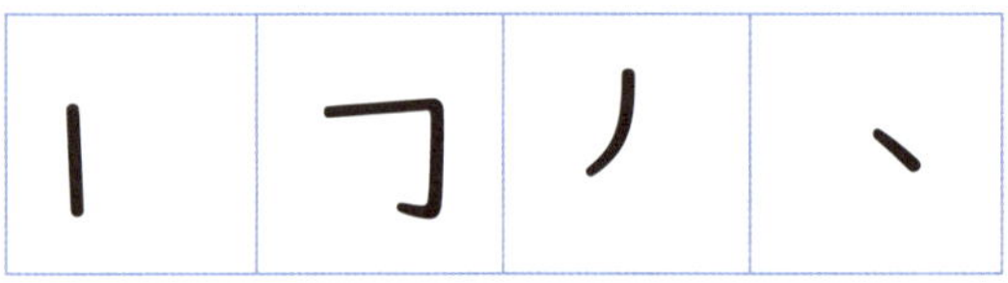 ……………………

2. えを　みて　かんじを　かきましょう。

① テーブルの [ ] に [ ] びんが　あります。

② うちの [ ] に　ねこが [ ] ひき　います。

③ ベッドの [ ] に　いぬが [ ] ぴき　います。

④ うちの [ ] に　おんなのこが [ ][ ] います。

⑤ へやの [ ] の　いすの [ ] に　くつ [ ] が [ ] そく　あります。

3. かんじを　かきましょう。

～わたしの　がっこう～

わたしの　がっこうは　しんじゅくえきから　あるいて　５ふんです。ビルの　三(さん)がいです。

がくせいは　かいだんで　あがります。がっこうの　なかに　じどうはんばいきが　あります。

① [　]がります　② [　]

トイレは　２かいに　あります。みぎが　おとこのひと、ひだりが　おんなのひとの　トイレです。

③ [　]　④ [　]　⑤ [　]　⑥ [　]

こうないは　きんえんです。やすみじかんは　きょうしつの　そとの　ベランダで　やすみます。

⑦ こう[　]　⑧ [　]

ときどき　ベランダから　したを　みます。ひとが　たくさん　あるいています。

⑨ [　]　⑩ [　]

わたしは　がっこうが　とても　すきですから　いちにちじゅう　がっこうに　います。

⑪ [　]

1章(しょう)～5章(しょう) アチーブメントテスト

1. かんじを　よみましょう。

① 五月五日は　こどもの　日(ひ)です。にほんの　きゅう日(じつ)です。

② わたしの　かぞくは　ぜんぶで　六人です。

③ わたしの　うちは　マンションの　九かいです。

かい

④ さいふの　中(なか)に　千円さつが　三(さん)まい　あります。

さつ

⑤ らいしゅうの　月よう日に　かんじの　テストが　あります。

よう

⑥ のどが　かわきましたから　つめたい　水を　のみました。

⑦ しんじゅくえきは　しぶやえきから　三つ目です。

つ

⑧ 耳がいたいですから　耳(じ)びかへ　いきます。

⑨ ナイル川は　せかいで　一(いち)ばん　ながいです。

ナイル

⑩ みなさん、きょうしつの　外に　でてください。

2. かんじを　かきましょう。

① はちがつとおか		② かようび	よう
③ さくらの　き	さくらの	④ むしば	ば
⑤ しりょく	し	⑥ ふじさん	ふじ
⑦ たんぼ	んぼ	⑧ たけのこ	のこ
⑨ ひだりきき	きき	⑩ こくない	こく

3. ぶんを　よんで　かんじを　よんだり　かいたり　しましょう。

7／8 ①(金)

②にちようびは　アンナさんの　③たんじょう日です。ともだち④じゅうにんと　パーティーをしますから、きょう　デパートへ　プレゼントを　かいに　いきました。

まず　⑤二かいで　Tシャツを　かいました。それから　⑥ほう石うりばで　ダイヤの　イヤリングも　みましたが　⑦ひゃくまんえんでした。
わたしは　⑧おかねが　ありません……。

つぎに　エスカレーターで　⑨六かいに　⑩あがりました。⑪くつ下を　みました。アンナさんは　⑫あしが　ちいさいですが　いいサイズが　ありました。

ワインを　⑬三ぼん　かいました。アンナさんの　たんじょう日と　おなじ　⑭2000ねんの　イタリアの　しろワインです。ワインの　ラベルは　⑮王さまでした。

きょうは　あさから　⑯あめが　たくさん　ふっていましたが　デパートは　⑰人が　とても　おおかったです。
⑱いちにちじゅう　かいものを　しましたから　とても　つかれました。

あした　バラの　⑲はなたばを　かいます。それから　⑳てがみも　かきます。

①	② よう	③ たんじょう	④
⑤ かい	⑥ ほう	⑦	⑧ お
⑨ かい	⑩ がりました	⑪ くつ	⑫
⑬ ぼん	⑭ 2000	⑮ さま	⑯
⑰	⑱	⑲ たば	⑳ がみ

6章 学校－1

School 1
学校 1
Trường học 1

がっこうの　かん字です。 えを　ヒントに　べんきょうしましょう。

学

校

先

生

名

字

本

休

学	まな－ぶ ガク （ガッ－）	8かく
校	コウ	10かく

◆ かん字(じ)を　よみましょう。

① 学校は　どこに　ありますか。

② アークアカデミーで　にほんごを　学んでいます。
（　　　んで）

③ にほんの　だい学に　しん学したいです。
（だい　　）（しん　　）

④ にゅう学しきに　スーツを　きます。
（にゅう　　しき）

⑤ 校ちょうせんせいの　はなしを　ききました。
（　　ちょうせんせい）

◆ かん字(じ)を　かきましょう。

① まなぶ　（　　ぶ）
② がっこう　（　　）
③ だいがく　（だい　　）
④ にゅうがく　（にゅう　　）
⑤ けんがく　（けん　　）
⑥ こうちょう　（　　ちょう）
⑦ きゅうこう　（きゅう　　）
⑧ てんこう　（てん　　）

先	さき セン	6かく

書き順：丿 𠂉 ⺧ 生 先 先

生	い-きる う-まれる セイ ショウ (-ジョウ)	5かく ＊

書き順：丿 𠂉 ⺧ 牛 生

◆ かん字(じ)を　よみましょう。

① クラスに　学生は　なん人(なん)　いますか。

② 先生は　先に　かえりました。

③ 先しゅう(しゅう)は　いそがしかったです。

④ 先日は　ありがとうございました。

⑤ わたしは　12月(じゅうに)に　生まれました(まれました)。

◆ かん字(じ)を　かきましょう。

① せんせい　　② せんげつ

③ せんしゅう　＿しゅう　　④ いきる　＿きる

⑤ せいかつ　＿かつ　　⑥ じんせい

⑦ いっしょう　　⑧ たんじょうび　たん＿

●とくべつなことば…生ビール：なまビール

名	なメイミョウ	6かく

名　名

ノ　ク　タ　タ　名　名

字	ジ	6かく	*

字　字

丶　丷　宀　宀　字　字

◆かん字(じ)を　よみましょう。

① ここに　名まえを　かいてください。
［　　まえ］

② わたしの　名字は　田中です。
［　　］［　　］

③ うちの　ちかくに　ゆう名な　こうえんが　あります。
［ゆう　　な］

④ この字は　なんと　よみますか。
［　　］

⑤ あした　かん字の　テストが　あります。
［かん　　］

◆かん字(じ)を　かきましょう。

① なまえ	まえ	② めいしょ	しょ
③ ちめい	ち	④ ゆうめい	ゆう
⑤ じ		⑥ もじ	も
⑦ しゅうじ	しゅう	⑧ かんじ	かん

本	もと ホン (ーボン) (ーポン) 5かく
休	やす-む キュウ 6かく ＊

◆ かん字(じ)を　よみましょう。

① 1か月に　なんさつ　本を　よみますか。
いっか

② 1年まえに　日本へ　きました。
いち

③ えんぴつは　一本　二本　三本と　かぞえます。

④ 山本さんが　学校を　休みました。
さん　みました

⑤ 五月五日は　休日ですか。

◆ かん字(じ)を　かきましょう。

① ほん　　② にほんじん

③ いっぽん　　④ さんぼん

⑤ ごはん　　⑥ やすむ　む

⑦ なつやすみ　なつ　み　　⑧ やすみじかん　みじかん

6章(しょう) ふくしゅう

1. かん字(じ)を よみましょう

① だい学(がく)で ほうりつを 学んでいます。
② らい月(げつ) あねに こどもが 生まれます。
③ ピアーズさんは アークだい学(がく)の 学生です。
④ クラスに おなじ 名字の 人(ひと)が 三人(さんにん)います。
⑤ この本は むずかしいです。
⑥ 先月 雨(あめ)が おおかったです。
⑦ 3じです。すこし 休みましょう。
⑧ ここは ゆう名な ラーメンやです。
⑨ 山本さんは かぜで やすみました。
⑩ えんぴつを 一本 かしてください。

① んで
② まれます
③
④
⑤
⑥
⑦ みましょう
⑧ ゆう な
⑨ さん
⑩

2. かん字(じ)を かきましょう

① わたしの がっこうは しぶやに あります。
② せんせいは いつも やさしいです。
③ はじめて にほんへ きました。
④ わたしの おとうとは ちゅうがくせいです。
⑤ じを きれいに おおきく かいてください。
⑥ うちの いぬは 十五(じゅうご)さいまで いきました。
⑦ ビールを さんぼん かいました。
⑧ なまえを よびます。 手(て)を あげてください。
⑨ きゅうじつに こうえんを さんぽします。
⑩ アルバイトが あります。 さきに かえります。

①
②
③
④
⑤
⑥ きました
⑦
⑧ まえ
⑨
⑩

6章 クイズ

1. かん字を　かきましょう。

2. かん字を　かきましょう。

せんげつ　アークアカデミーで　おはなみを　しました。
①　　②お　み

せんせいが　じゅうにんと　がくせいが　さんじゅうにん　いました。
③　④　⑤　⑥

こうちょうせんせいの　いなりずしを　たべました。　とても　おいしかったです。
⑦ ちょう

にほんへ　きて　はじめて　さくらを　みました。
⑧

たくさん　しゃしんを　とりました。　とても　たのしい　ひでした。
⑨

3. かん字の　たしざんです。　かん字を　かいて
（　　　）に　よみかたを　かきましょう。

れい　（ 木 ＋ 交 ）＋　ちょう　＝　校ちょう
（こうちょう）

① （ 夕 ＋ 口 ）＋　まえ　＝　　まえ
（　　まえ）

② も　＋（ 宀 ＋ 子 ）　＝　も
（も　　）

③ （ ノ ＋ ｜ ＋ 木 ）＋（ 口 ＋ 一 ）＝
（　　　）

④ （ 口 ＋ 一 ）＋（ 木 ＋ 一 ）＝
（　　　）

⑤ （ ⺌ ＋ 冖 ＋ 子 ）＋（ ノ ＋ ｜ ＋ 三 ）＝
（　　　）

⑥ （ ノ ＋ 土 ＋ 儿 ）＋（ ノ ＋ ｜ ＋ 三 ）＝
（　　　）

7章 学校－2

School 2
学校 2
Trường học 2

がっこうの　かん字です。 えを　ヒントに　べんきょうしましょう。

大

小

高

友

入

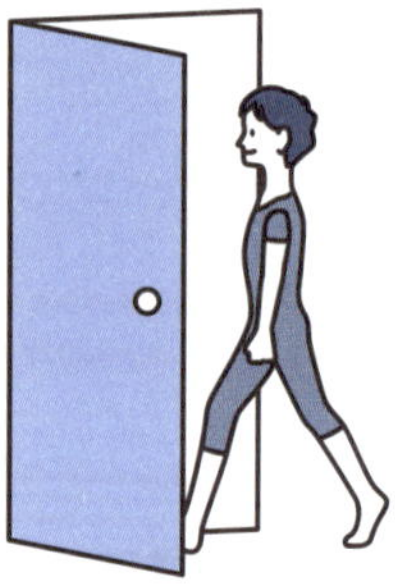

出

門

体

大	おお－きい ダイ タイ	3かく ＊	一　ナ　大

小	ちい－さい こ ショウ	3かく ＊	亅　小　小

◆かん字(じ)を　よみましょう。

①山川さんは　目が　大きいです。
（　　さん）（　）（　　きい）

②わたしは　ラーメンが　大すきです。
（　　すき）

③かれは　わたしの　大せつな　人です。
（　　せつな）（　）

④このかばんは　小さいです。
（　　さい）

⑤わたしの　おとうとは　小学生です。
（　　　）

◆かん字(じ)を　かきましょう。

①おおきい（　　きい）　②だいがく（　　）

③だいきらい（　　きらい）　④たいせつ（　　せつ）

⑤ちいさい（　　さい）　⑥しょうがくせい（　　）

⑦しょうがっこう（　　）　⑧こぜに（　　ぜに）

●とくべつなことば…大人：おとな

高 たか－い コウ 10かく ＊	高	高				
	亠	亠	亠	亭	高	高

友 とも ユウ 4かく	友	友				
	一	ナ	方	友		

◆ かん字(じ)を　よみましょう。

① 石川さんは　せが　高いです。
（　　さん）（　　い）

② わたしの　いもうとは　高校生です。
（　　　）

③ このみせの　りょうりは　高いですが　おいしいです。
（　　い）

④ 友だちが　たくさん　います。
（　　だち）

⑤ 山田さんと　わたしは　しん友です。
（　　さん）（しん　　）

◆ かん字(じ)を　かきましょう。

① たかい（　　い）　② こうこう（　　　）

③ こうこうせい（　　　）　④ ともだち（　　だち）

⑤ しんゆう（しん　　）

入	いーれる はいーる ニュウ	2かく ＊

ノ 入

出	でーる だーす シュツ （シュッー）	5かく ＊

◆ かん字を　よみましょう。

① ノックを　してから　入ってください。
　（　　って）

② 入り口は　こちらです。　出口は　あちらです。
　（　　り　　）（　　　　）

③ 日本は　4月に　入学しきが　あります。
　（　　　）（　し　）（　　　しき）

④ この手がみを　出してください。
　（　　がみ）（　　して）

⑤ 友だちと　かいものに　出かけました。
　（　　だち）（　　かけました）

◆ かん字を　かきましょう。

① いれる　（　　れる）　② はいる　（　　る）

③ いりぐち　（　り　）　④ にゅうがく　（　　　）

⑤ でる　（　　る）　⑥ だす　（　　す）

⑦ しゅっせき　（　　せき）　⑧ がいしゅつ　（　　　）

門 モン 8かく ＊	門 門
	1 2 3 4 5 6 7 8 (筆順)
体 からだ タイ 7かく ＊	体 体
	1 2 3 4 5 6 7 (筆順)

◆ かん字(じ)を　よみましょう。

① 門の　そばに　くるまを　とめました。

② 校門の　まえで　まっています。

③ わたしの　せん門は　けいざいです。
せん

④ 山本さん、 お体を　たいせつに　してください。

⑤ 体いくかんで　バレーボールを　しましょう。
いくかん

◆ かん字(じ)を　かきましょう。

① もん

② こうもん

③ せいもん　せい

④ せんもん　せん

⑤ にゅうもん

⑥ からだ

⑦ たいりょく

⑧ たいじゅう　じゅう

7章（しょう）　ふくしゅう

1. かん字（じ）を　よみましょう

① 入学しきに　スーツを　きます。	①　　しき
② パスポートは　大せつです。なくさないでください。	②　　せつ
③ 山田（やまだ）さんには　高校生の　むすこが　います。	③
④ うちの　ちかくに　小学校が　あります。	④
⑤ わたしは　小さい　いぬを　かっています。	⑤　　さい
⑥ コーヒーに　さとうを　入れて　のみます。	⑥　　れて
⑦ 9じまでに　ごみを　出してください。	⑦　　して
⑧ 川上（かわかみ）さんは　むかしからの　しん友です。	⑧ しん
⑨ 山川（やまかわ）さんは　体が　よわいです。	⑨
⑩ ぶちょうは　いま　外出しています。	⑩

2. かん字（じ）を　かきましょう

① らい月（げつ）　だいがくの　しけんが　あります。	①
② わたしには　しょうがくせいの　いもうとが　います。	②
③ でぐちは　まっすぐ　いって　右（みぎ）にあります。	③
④ くつを　ぬいで　へやに　はいってください。	④　　って
⑤ やすみの　日（ひ）に　ともだちと　えいがに　いきました。	⑤　　だち
⑥ 石田（いしだ）さんの　うちは　とても　おおきいです。	⑥　　きい
⑦ このビルの　いりぐちは　あちらです。	⑦　り
⑧ たいいくかんで　バスケットボールを　しました。	⑧　　いくかん
⑨ このみせの　ようふくは　たかいです。	⑨　　い
⑩ 学校（がっこう）の　もんの　まえで　しゃしんを　とりましょう。	⑩

7章(しょう) クイズ

1. かん字(じ)を　かきましょう。

きょうは　アークアカデミーの　にゅうがくしき　でした。
①＿＿しき

うちから　でんしゃで　しんじゅくえきへ　いきました。

しんじゅくえきは　とても　おおきいです。
②＿＿きい

でぐちが　わかりませんでしたから、こうこうせいに
③＿＿　④＿＿

ききました。　よく　わかりました。5ふん　あるいて　がっこうに　つきました。
⑤＿＿

きょうしつに　はいって　いすに　すわりました。
⑥＿＿って

となりの　おんなのひとと　はなしを　しました。　なまえは　エンさんです。
⑦＿＿　⑧＿＿まえ

エンさんは　こうこうを　そつぎょうして　にほんへ　きました。わたしは　エン
⑨＿＿　⑩＿＿

さんと　たくさん　はなしを　しました。エンさんと　ともだちに　なりました。
⑪＿＿だち

エンさんは　にほんごを　べんきょうして　だいがくに　はいります。
⑫＿＿語(ご)　⑬＿＿　⑭＿＿ります

わたしは　だいがくいんに　はいりたいです。まだ　せんもんちしきが
⑮＿＿いん　⑯＿＿りたい　⑰せん＿＿

ありませんから　これから　たくさん　ほんを　よまなければ　なりません。
⑱＿＿

それから　にほんぶんかも　まなびたいです。
⑲＿＿ぶんか　⑳＿＿びたい

2. □の　なかに　かん字を　かきましょう。

（れい）

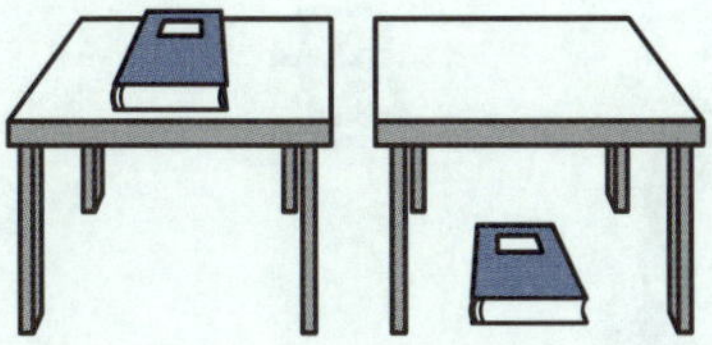

上 ⇔ 下

①

□ ⇔ 小

②

子ども ⇔ □□

③

□□ ⇔ 入り口

④

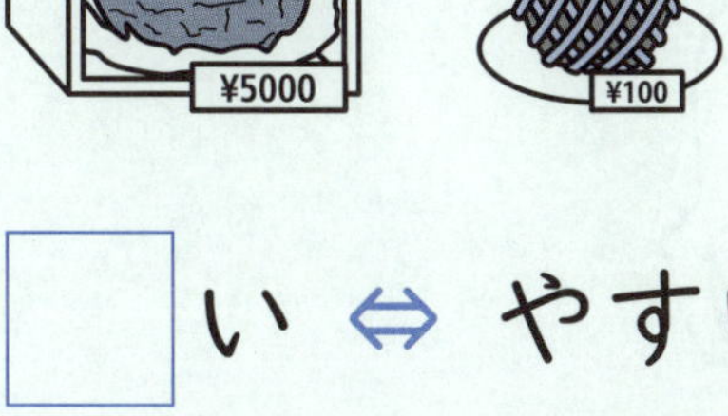

□い ⇔ やすい

⑤

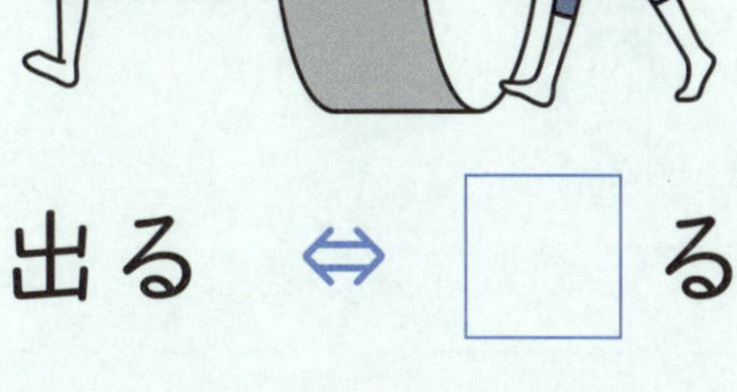

出る ⇔ □る

8章(しょう) かぞく

Family
家庭成员
Gia đình

えから　できた　かん字(じ)です。
かぞくの　かん字(じ)を　べんきょうしましょう。

父

母

子

男

女

犬

父　ちち　フ

4かく

父　父

丿　八　ク　父

母　はは　ボ

5かく

母　母

ㄥ　口　母　母　母

◆ かん字（じ）を　よみましょう。

① A：日本で　父の日は　いつですか。　B：六月の　だい三　日よう日です。

（　　）（　　の　　）　（　　）（　　）（　　よう　　）

② わたしの　そ父は　八十八さいです。

（そ　　）（　　さい）

③ 母の日に　花と　カードを　あげました。

（　　の　　）（　　）

④ あなたの　母ごは　なんですか。

（　　ご）

⑤ きのう　母校へ　あそびに　いきました。

（　　）

◆ かん字（じ）を　かきましょう。

① ちち（　　）　② そふ（そ　　）

③ はは（　　）　④ そぼ（そ　　）

⑤ ぼこう（　　）　⑥ ぼご（　　ご）

⑦ ふぼ（　　）

●とくべつなことば…お父さん：おとうさん　お母さん：おかあさん

子	こ シ	3かく	*

1 2 3（子）

男	おとこ ダン	7かく	*

1 2 3 4 5 6 7（男）

◆ かん字(じ)を　よみましょう。

① 川で　子どもが　あそんでいます。

（　　）（　　ども）

② A：お子さんは　おいくつですか。　B：一さい　です。

（お　　さん）　（　　さい）

③ クラスに　男子学生が　なん人　いますか。

（　　）（なん　　）

④ 学校に　男の　先生が　四人　います。

（　　）（　　）（　　）（　　）

⑤ あの男せいの　名字は　なんですか。

（　　せい）（　　）

◆ かん字(じ)を　かきましょう。

① こども（　　ども）

② おこさん（お　　さん）

③ ふたご（ふた　　）

④ おとこ（　　）

⑤ おとこのこ（　　の　　）

⑥ おとこのひと（　　の　　）

⑦ だんし（　　）

⑧ だんせい（　　せい）

●とくべつなことば…ちょう男：ちょうなん

女 おんな ジョ 3かく ＊	女	女				
	く	女	女			

◆ かん字(じ)を　よみましょう。

① わたしは　きれいな　女の人が　すきです。
（　　の　　）

② こうえんに　女の子が　一人と　男の子が　二人　います。
（　　の　　）（　　）（　　の　　）（　　）

③ A：すみません。　女子トイレは　どこですか。
（　　）

B：まっすぐ　いって　左に　あります。
（　　）

④ わたしには　日本人の　かの女が　います。
（　　）（かの　　）

◆ かん字(じ)を　かきましょう。

① おんな　（　　）
② おんなのこ　（　　の　　）
③ おんなのひと　（　　の　　）
④ じょし　（　　）
⑤ じょせい　（　　せい）
⑥ だんじょ　（　　）
⑦ かのじょ　（かの　　）
⑧ じょゆう　（　　ゆう）

犬 いぬ ケン 4かく	犬	犬				
	一 ナ 大 犬					

◆ かん字(じ)を　よみましょう。

① まいあさ　犬の　さんぽを　します。

② 友だちから　かわいい　子犬を　もらいました。
　　だち

③ 田中さんは　大がた犬を　かっています。
　　がた

◆ かん字(じ)を　かきましょう。

① いぬ

② こいぬ

③ こがたけん　がた

④ もうどうけん　もうどう

8章(しょう) ふくしゅう

1. かん字(じ)を よみましょう

文	こたえ
① こうえんに 女の子が 二人(ふたり) います。	① の
② もうどう犬は みせに 入(はい)ることが できます。	② もうどう
③ やすみの日(ひ)に 子どもと あそびます。	③ ども
④ うけつけに 男せいが います。	④ せい
⑤ きのう かの女と デートしました。	⑤ かの
⑥ わたしは 三人(さんにん)きょうだいの ちょう男です。	⑥ ちょう
⑦ わたしは ふた子の いもうとが います。	⑦ ふた
⑧ お母さんの しごとは なんですか。	⑧ お さん
⑨ このクラスは 男女 あわせて 二十人(にじゅうにん)です。	⑨
⑩ 山田(やまだ)さんの お父さんは りょうりが じょうずです。	⑩ お さん

2. かん字(じ)を かきましょう

文	こたえ
① ははのひに 花(はな)たばを あげました。	① の
② たんじょうびに こいぬを もらいました。	②
③ わたしの そふは まいあさ さんぽを します。	③ そ
④ 入(い)り口(ぐち)に おんなのひとが たっています。	④ の
⑤ こうえんで おとこのこが あそんでいます。	⑤ の
⑥ じょしトイレは こうえんの 中(なか)に あります。	⑥
⑦ わたしの ちちは とても やさしい 人(ひと)です。	⑦
⑧ そぼが アイスクリームを くれました。	⑧ そ
⑨ あなたの ぼこうは どちらですか。	⑨
⑩ クラスに だんしがくせいが 十人(じゅうにん)います。	⑩

8章 クイズ

1. えを　みて　□に　かん字を　かきましょう。

れい　お 父 さん

① お□さん　② □ども　③ □の人

④ □の人　⑤ 男の□　⑥ 女の□

⑦ □□学生　⑧ □□学生　⑨ □

2. えを　みて　かん字を　かきましょう。

① □　② □　③ □　④ □　⑤ □

3. ぶんを　よんで　かん字を　かいたり　よんだり　しましょう。

わたしの　かぞく

わたしの　かぞくは　①四人と　一ぴきです。②そふと　③ちちと　④母と　⑤いぬの
（そ）

ポチです。②そふは　⑥七十六さいですが　とても　げんきです。
（そ）（さい）

③ちちは　⑦四十八さいです。⑧しょうがっこうの　⑨先生です。
（さい）

④母は　⑩こうこうの　⑨先生です。③ちちも　④母も　とても　やさしいです。

ポチは　⑪2年まえ　うちへ　きました。わたしは　⑫まいにち　ポチと
（に　まえ）（まい）

こうえんの　⑬なかを　さんぽします。ポチは　とても　かわいいです。

9章 どうし－I

Verb I
动词 1
Động từ 1

どうしの　かん字(じ)です。 えを　ヒントに　べんきょうしましょう。

立

見

聞

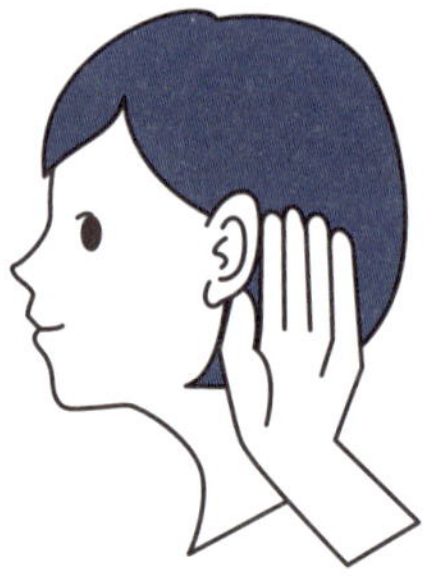

行

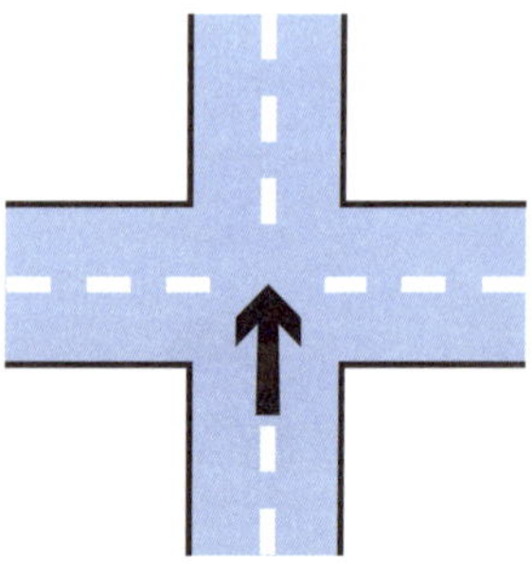

来

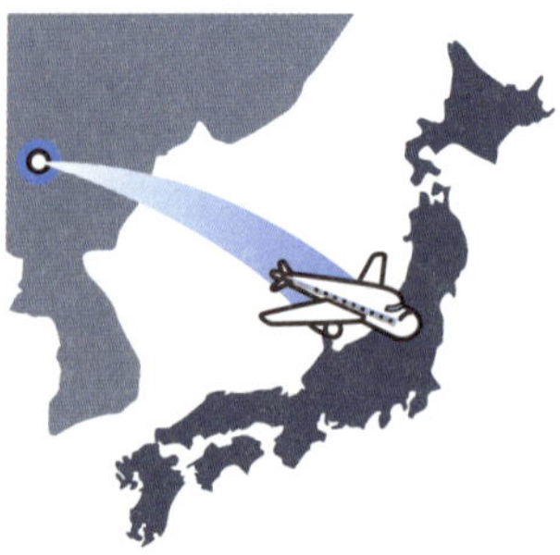

帰

立

たーつ
リツ

5かく　＊

立　立

(stroke order: 1 ↓, 2 →, 3 ↓, 4 ↓, 5 →)

◆ かん字(じ)を　よみましょう。

① まどの　そばに　女の人が　立っています。
　　［　の　］［　って］

② カクさんは　こく立大学の　学生です。
　　［こく　　　］［　　］

③ 体いくの　じゅぎょうで　さか立ちを　しました。
　　［　いく］　　［さか　ち］

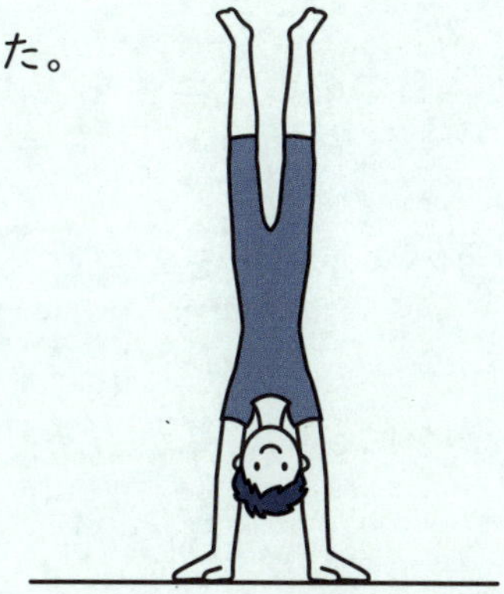

◆ かん字(じ)を　かきましょう。

① たつ　［　つ］　② しりつだいがく　［し　］

見 みーる みーせる ケン

7かく ＊

見 見

聞 きーく ブン

14かく ＊

聞 聞

◆ かん字(じ)を　よみましょう。

① 日本の　アニメを　よく　見ますか。
　（　　）　（　　ますか）

② パスポートを　見せてください。
　（　　せて）

③ なにか　い見が　ありますか。
　（い　　）

④ きのう　しん聞しゃを　見学しました。
　（しん　　しゃ）（　　）

⑤ CDを　聞いて　日本語(ご)を　べんきょうします。
　（　　いて）（　　ご）

◆ かん字(じ)を　かきましょう。

① みる　（　　る）

② はなみ　（　　）

③ つきみ　（　　）

④ けんがく　（　　）

⑤ いけん　（い　　）

⑥ きく　（　　く）

⑦ しんぶん　（しん　　）

行	いーく おこなーう コウ ギョウ
6かく	＊

書き順: ノ ク 彳 彳 行 行

来	くーる ライ （きーます） （こーない）
7かく	＊

書き順: 一 一 二 平 平 来 来

◆ かん字(じ)を　よみましょう。

① こんどの　休みに　大さかへ　行きます。

（　み）（　さか）（　きます）

② あのラーメンやの　行れつは　いつも　ながいです。

（　れつ）

③ あした　テストを　行います。

（　います）

④ A：日よう日　うちへ　来ない？　　B：うん　行く。

（　よう）（　ない）（　く）

⑤ わたしは　きょねんの　3月に　来日しました。

（さん　）（　　）

◆ かん字(じ)を　かきましょう。

① いく	く	② ぎんこう	ぎん
③ りょこう	りょ	④ くる	る
⑤ きます	ます	⑥ こない	ない
⑦ らいねん		⑧ らいしゅう	しゅう

帰 かえ-る
キ

10かく ＊

帰 帰

◆ かん字(じ)を よみましょう。

① なんじの でんしゃで 帰りますか。
　　　　　　　　　　　　　りますか

② 学校の 帰りに えいがを 見ました。
　　　　　　　り　　　　　ました

③ わたしは 来年 帰こくします。
　　　　　　　　　こく

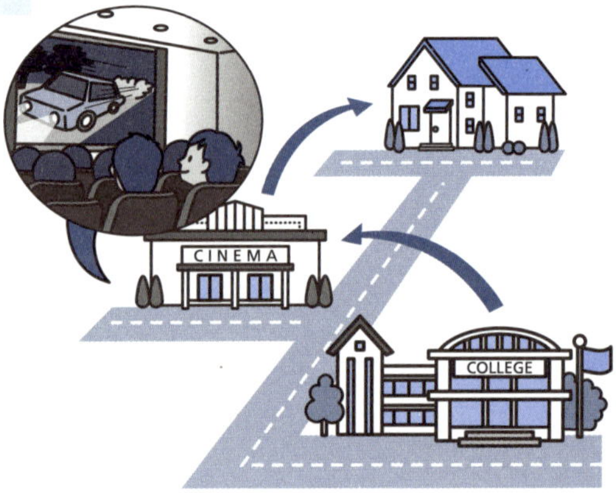

◆ かん字(じ)を かきましょう。

① かえる　　　る　　② かえり　　　り

③ きこく　　　こく　　④ きたく　　　たく

9章(しょう)　ふくしゅう

1. かん字(じ)を　よみましょう

① まいばん　うちで　テレビを　見ます。	①　　ます
② 来しゅう　かの女(じょ)に　あいます。	②　　しゅう
③ ぎん行で　お金(かね)を　おろします。	③ ぎん
④ わたしは　こく立大学に　かよっています。	④ こく
⑤ まいあさ　しん聞を　よみます。	⑤ しん
⑥ いつ　帰こく　しますか。	⑥　　こく
⑦ わたしは　3月(がつ)に　来日しました。	⑦
⑧ 入(い)り口(ぐち)で　チケットを　見せてください。	⑧　　せて
⑨「きょう　パーティーに　来ない？」「うん　いく。」	⑨　　ない
⑩ 学校(がっこう)の　帰りに　友(とも)だちと　あそびました。	⑩　　り

2. かん字(じ)を　かきましょう

① くるまの　こうじょうを　けんがくします。	①
② ラジオで　日本(にほん)の　おんがくを　ききました。	②　　きました
③ わたしは　まい日(にち)　でんしゃで　学校(がっこう)へ　きます。	③　　ます
④ ながい　ぎょうれつに　ならびます。	④　　れつ
⑤ りょうしんと　ほっかいどうへ　いきました。	⑤　　きました
⑥ こうさてんに　けいさつかんが　たっています。	⑥　　って
⑦ わたしは　りょこうが　すきです。	⑦ りょ
⑧ きのう　6じに　うちへ　かえりました。	⑧　　りました
⑨ あす　ごご2じから　かいぎを　おこないます。	⑨　　います
⑩ せんしゅう　はじめて　はなみを　しました。	⑩

9章 クイズ

1. 下から　えらんで　□に　かん字を　かきましょう。（　　）に　よみかたも　かきましょう。

れい　［立］ってください。
（ た ）

① ＣＤを［　　］きます。
（　　　）

② アニメを［　　］ます。
（　　　）

③ 日本へ［　　］ました。
（　　　）

④ えいがかんへ［　　］きませんか。
（　　　）

⑤ うちへ［　　］ります。
（　　　）

~~立~~	行	見	来	聞	帰

2. ＿＿＿の　かん字の　よみかたを　（　　）に　かきましょう。①～⑤は　だれですか。【　　】に　名まえを　かきましょう。

れい　あさ　しん聞を　よみます。　【マリンさん】
（しんぶん）

① まい日　６じに　うちへ　帰ります。　【　　　　　】
（まい　　　）　（　　ります）

② あさ　アルバイトに　行きます。　【　　　　　】
（　　きます）

③ テレビを　見ます。　それから　シャワーを　あびます。　【　　　　　】
（　　ます）

④ うちで　おんがくを　聞きます。　【　　　　　】
（　　きます）

⑤ ごご　１じに　学校へ　行きます。　【　　　　　】
（　　　　）（　　きます）

ヨウさん

7:00	パンを　たべます
10:00	がっこうへ　いきます
14:00	うちへ　かえります
18:00	おんがくを　ききます
22:00	シャワーを　あびます

マリンさん

7:00	しんぶんを　よみます
9:00	アルバイトへ　いきます
13:00	がっこうへ　いきます
17:00	うちへ　かえります
21:00	シャワーを　あびます

ジェイクさん

9:00	がっこうへ　いきます
13:00	アルバイトへ　いきます
18:00	うちへ　かえります
20:00	テレビを　みます
22:00	シャワーを　あびます

3. かん字の　けいさんです。

① 刂　＋　ヨ　＋　巾　＝　□

② 門（左）　＋　耳　＋　門（右）　＝　□

③ 亠　＋　ソ　＋　一　＝　□

10章 たべもの

Food
食物
Đồ ăn

たべものの　かん字です。 えを　ヒントに　べんきょうしましょう。

米

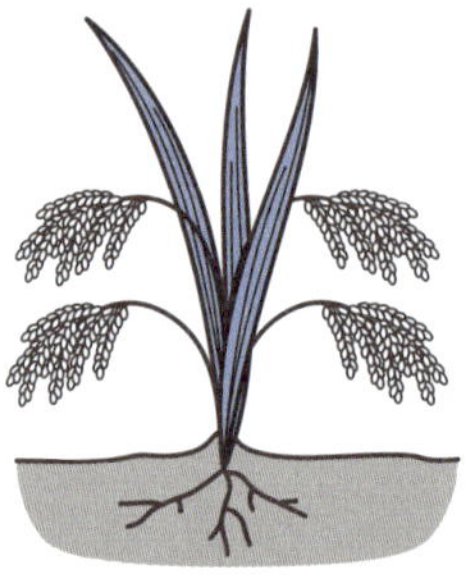

茶

牛

肉

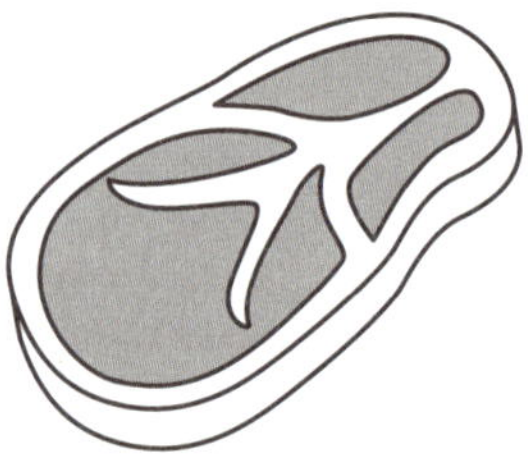

魚

貝

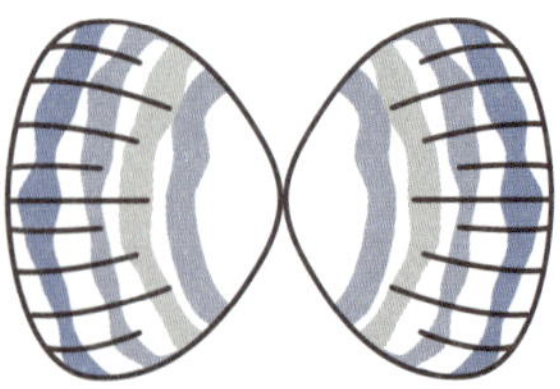

好

物

米 こめ マイ 6かく ＊	丶 丷 䒑 业 米 米
茶 チャ 9かく ＊	艹 艹 苓 苓 茶 茶

◆ かん字(じ)を　よみましょう。

① 日本の　米は　おいしいです。

② はく米と　げん米を　たべます。
はく　　げん

③ さむい　日に　あたたかい　お茶を　のみます。
お

④ わたしは　あさ　こう茶を　のみます。よる　日本茶を　のみます。
こう

⑤ 茶いろい　かばんを　二つ　もっています。
いろい　　つ

◆ かん字(じ)を　かきましょう。

① こめ

② げんまい　げん

③ はくまい　はく

④ おちゃ　お

⑤ にほんちゃ

⑥ こうちゃ　こう

⑦ ちゃいろ　いろ

牛 うし ギュウ 4かく	牛	牛				
	ノ	𠂉	午	牛		

肉 ニク 6かく	肉	肉				
	丨	冂	内	内	肉	肉

◆ かん字(じ)を　よみましょう。

① ぼくじょうに　牛が　たくさん　います。

② コーヒーに　牛にゅうを　入れます。
にゅう　れます

③ 牛肉と　ぶた肉と　どちらが　すきですか。
ぶた

④ 友だちと　やき肉やへ　行きました。
だち　やき　や　きました

⑤ とり肉は　体に　いいです。
とり

◆ かん字(じ)を　かきましょう。

① うし

② ぎゅうにゅう　にゅう

③ わぎゅう　わ

④ ぎゅうにく

⑤ にく

⑥ やきにく　やき

⑦ とりにく　とり

魚　うお　さかな　(－ざかな)　ギョ

11かく

魚　魚

魚　ノ　⺈　⺈　⺈　角　魚

貝　かい　(－がい)

7かく

貝　貝

貝　丨　冂　月　目　目　貝

◆かん字を　よみましょう。

① 魚いちばは　あさ　はやく　はじまります。
（　　いちば）

② 魚やで　しんせんな　魚を　かいます。
（　　や）（　　）

③ 人魚の　はなしを　聞いたことが　ありますか。
（　　）（　　いた）

④ うみで　貝を　とりました。
（　　）

⑤ いざかやで　あか貝の　さしみと　やき魚を　たべました。
（あか　　）（やき　　）

◆かん字を　かきましょう。

① さかな（　　）

② やきざかな（やき　　）

③ うおいちば（　　いちば）

④ にんぎょ（　　）

⑤ きんぎょ（　　）

⑥ かい（　　）

⑦ あかがい（あか　　）

⑧ かいがら（　　がら）

好 (す - き) コウ 6かく *	好	好				
	1	2	3	4	5	6

物 もの ブツ モツ (ブッ -) 8かく	物	物				
	1	2	3	4 5	6	7 8

◆ かん字(じ)を　よみましょう。

① わたしは　サッカーが　好きです。

［　　き］

② わたしの　大好物は　牛肉の　ステーキです。

［　　　］［　　　］

③ きのう　スーパーで　かい物を　しました。

［かい　　］

④ いっしょに　どう物えんへ　行きませんか。

［どう　　えん］［　きませんか］

⑤ 日本は　物かが　高いですね。

［　　］［　か］［　い］

◆ かん字(じ)を　かきましょう。

① すき ［　　き］　② だいこうぶつ ［　　　］

③ かいもの ［かい　　］　④ たべもの ［たべ　　］

⑤ どうぶつえん ［どう　　えん］　⑥ ぶっか ［　　か］

⑦ にもつ ［に　　］

10章(しょう)　ふくしゅう

1. かん字(じ)を　よみましょう

問題	こたえ
① わたしの　くつは　茶いろです。	①　　いろ
② らいしゅう　どう物えんへ　行(い)きます。	② どう　　えん
③ に物を　もちましょうか。	③ に
④ はじめて　魚いちばへ　行(い)きました。	④　　いちば
⑤ あか貝の　さしみを　たべました。	⑤ あか
⑥ とうきょうは　物かが　高(たか)いです。	⑥　　か
⑦ げん米は　体(からだ)に　いいです。	⑦ げん
⑧ あさ　はやく　おきて　牛に　えさを　やります。	⑧
⑨ しょくじを　してから　こう茶を　のみます。	⑨ こう
⑩ わたしの　大好物は　いちごです。	⑩

2. かん字(じ)を　かきましょう

問題	こたえ
① わたしは　えいがが　すきです。	①　　き
② まい日(にち)　にほんちゃを　のみます。	②
③ 友(とも)だちと　やきにくを　たべました。	③ やき
④ スーパーで　さかなを　二(に)ひき　かいました。	④
⑤ まいあさ　ぎゅうにゅうを　のみます。	⑤　　にゅう
⑥ こめを　5キロ　かいました。	⑥
⑦ きらいな　たべものは　ありますか。	⑦ たべ
⑧ きれいな　かいを　見(み)つけました。	⑧
⑨ 友(とも)だちと　デパートで　かいものします。	⑨ かい
⑩ うちで　きんぎょを　かっています。	⑩

10章 クイズ

1. かん字の　どこかが　ちがいます。□に　ただしい
かん字を　かきましょう。

れい  午 ⇒ 牛

① 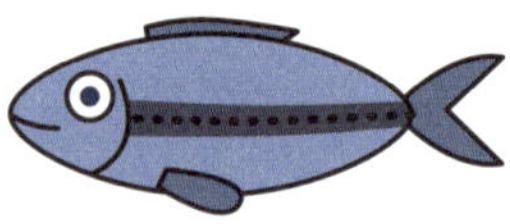 魚 ⇒ □

② 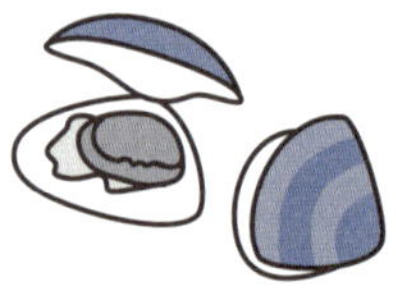 見 ⇒ □

③  釆 ⇒ □

④  笨 ⇒ □

⑤  内 ⇒ □

2. だれの　子(こ)どもですか。＿＿＿に　名(な)まえを　かきましょう。

	れい	①	②	③	④
子ども					
好きな物			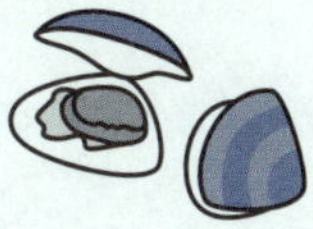		
名まえ	れい 石田さん				

れい）石田(いしだ)さん：わたしの　子(こ)どもは　女(おんな)の子(こ)です。肉が　好きです。

田中(たなか)さん：わたしの　子(こ)どもは　男(おとこ)の子(こ)です。肉が　好きです。

山田(やまだ)さん：わたしの　子(こ)どもは　女(おんな)の子(こ)です。魚が　好きです。

山川(やまかわ)さん：わたしの　子(こ)どもは　女(おんな)の子(こ)です。お茶が　好きです。

石川(いしかわ)さん：わたしの　子(こ)どもは　男(おとこ)の子(こ)です。貝が　好きです。

3. ①～⑦を　よみましょう。そして　こたえましょう。

1. A：①好きな　②たべ物は　なんですか。
   B：＿＿＿＿＿＿＿＿＿＿＿＿＿＿＿＿

2. A：③肉と　④魚と　どちらが　⑤好きですか。
   B：＿＿＿＿＿＿＿＿＿＿＿＿＿＿＿＿

3. A：⑥好きな　⑦どう物は　なんですか。
   B：＿＿＿＿＿＿＿＿＿＿＿＿＿＿＿＿

①　　　きな	② たべ	③	④
⑤　　　き	⑥　　　きな	⑦ どう	

6章(しょう)〜10章(しょう) アチーブメントテスト

1. かん字(じ)を　よみましょう

① まいあさ　しん聞を　よんでいます。
しん

② 先月　ふじ山(さん)に　のぼりました。

③ ペンを　三本　かしてください。

④ かれは　目(め)が　大(おお)きくて　せが　高いです。
い

⑤ わたしの　そ父は　八十六(はちじゅうろく)さいです。
そ

⑥ A：つかれましたね。すこし　休みませんか。
みませんか

B：ええ、いいですね。お茶でも　のみましょう。
お

⑦ あした　テストを　行います。
います

⑧ わたしは　りんごが　大好物　です。

⑨ かいがんで　きれいな　貝を　たくさん　ひろいました。

2. かん字(じ)を　かきましょう

① こくりつだいがく　こく

② たいりょく

③ みょうじ

④ でぐち

⑤ もん

⑥ こいぬ

⑦ きゅうじつ

⑧ はなみ

⑨ ぎゅうにく

⑩ はくまい　はく

3. ぶんを　よんで　かん字(じ)を　よんだり　かいたり　しましょう。

わたしは　はじめて　①日本へ　②来ました。そして　日本語(ご)③がっこうに　④はいりました。わたしの　クラスは　ぜんぶで　十四人(じゅうよにん)です。⑤男子学生が　九人(きゅうにん)で　⑥じょし学生が　五人(ごにん)です。たんにんの　⑦先生は　田中(たなか)先生です。⑧男の　先生です。

がっこうが　おわってから　スーパーへ　⑨かい物に　⑩いきました。⑪米と　⑫さかなを　かいました。うちへ　⑬かえってから　りょうりを　して　ルームメイトと　しょくじを　しました。よる　しゅくだいを　しました。⑭かんじが　とても　むずかしかったです。それから　テレビを　⑮見ました。ねる　まえに　⑯ちちと　⑰ははに　でんわを　しました。

日本の　⑱せいかつは　すこし　さびしいです。でも　これから　たくさん　⑲ともだちを　つくりたいです。わたしは　日本が　⑳だいすきですから　がんばります。

①	②　　　　ました	③	④　　　　りました
⑤	⑥	⑦	⑧
⑨ かい	⑩　　　　きました	⑪	⑫
⑬　　　　って	⑭ かん	⑮　　　　ました	⑯
⑰	⑱　　　　かつ	⑲　　　　だち	⑳　　　　き

11章（しょう） 時間（じかん）

Time
时间
Thời gian

じかんの　かん字（じ）です。えを　ヒントに　べんきょうしましょう。

間

時

今

半　　分　　何

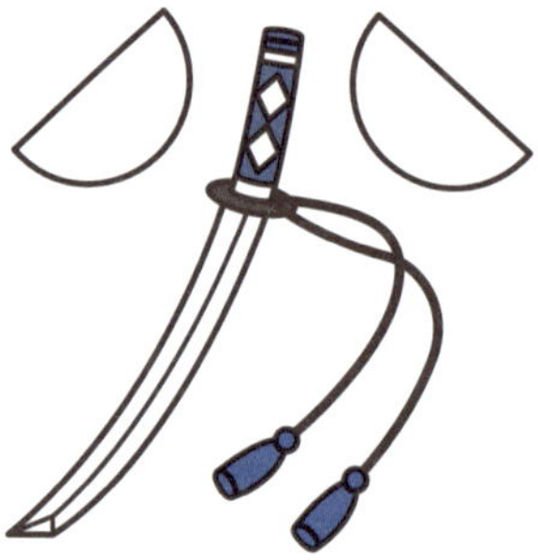

夕　　方

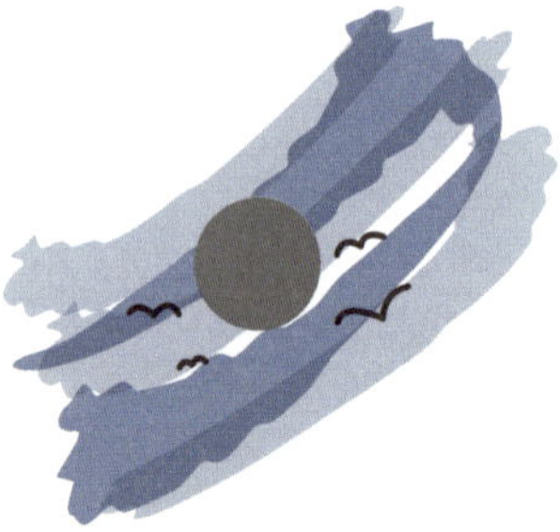

時	とき ジ	10かく	時	時
間	あいだ ま カン	12かく ＊	間	間

◆かん字(じ)を　よみましょう。

① まい日　9時から　12時まで　べんきょうします。
まい　く　じゅうに

②「時は　金なり」という　ゆう名な　ことわざが あります。
ゆう　な

③ しごとが　いそがしいですから　ねる時間が　ありません。

④ ぎん行は　スーパーと　コンビニの　間に　あります。
ぎん

⑤ ひる間は　だれも　うちに　いません。
ひる

◆かん字(じ)を　かきましょう。

① 3じ　3

② 12じ　12

③ じかん

④ あいだ

⑤ ひるま　ひる

⑥ なかま　なか

⑦ 1しゅうかん　1しゅう

⑧ きかん　き

●とくべつなことば…人間：にんげん

半 ハン 5かく ＊	半	半				
	丶	丷	䒑	𠂉	半	

分 わ－ける フン ブン (－プン) 4かく ＊	分	分				
	ノ	八	分	分		

◆ かん字(じ)を　よみましょう。

① かいしゃは　5時半(ご)に　おわります。

② 半年まえに　日本へ　来ました。

③ もえるゴミと　もえないゴミを　分けます。

④ チョコレートを　半分　おとうとに　あげました。

⑤ ケーキを　四分の一　たべました。

◆ かん字(じ)を　かきましょう。

① はんとし		② 4じはん	4
③ はんぶん		④ わける	ける
⑤ 5ふん	5	⑥ 30ぷん	30
⑦ 6ぷん	6	⑧ にぶんのいち	の

今	いま コン	4かく *

ノ　𠆢　今　今

何	なに なん	7かく *

ノ　亻　仃　仃　何　何　何

◆ かん字を　よみましょう。

① すみません。田中さんは　今　どこに　いますか。
　　　　　さん

② 今月は　雨の　日が　おおいですね。

③ これは　何ですか。

④ すみません。今　何時ですか。

⑤ あついですね。何か　のみませんか。
　　　　　か

◆ かん字を　かきましょう。

① いま　　　　② こんばん　　ばん

③ こんげつ　　④ こんしゅう　しゅう

⑤ なに　　　　⑥ なんじ

⑦ なんようび　よう　　⑧ なんがつ

●とくべつなことば…今日：きょう　今年：ことし

夕	ゆう
3かく	＊

ノ ク 夕

方	かた (－がた) ホウ
4かく	

丶 亠 方 方

◆ かん字を　よみましょう。

① 夕日が　とても きれいですね。

② 夕方から　ずっと　雨が　ふっています。

③ いつも　うちで　夕しょくを　たべます。

しょく

④ このかん字の　よみ方が　わかりますか。

かん　よみ

⑤ A：アプリで　日本語を　べんきょうしています。　B：それは　いい方ほう　ですね。

ご　ほう

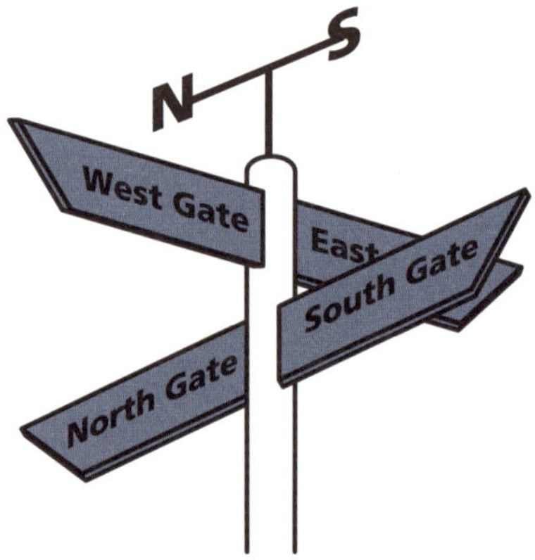

◆ かん字を　かきましょう。

① ゆうしょく　しょく

② ゆうがた

③ とうほくちほう　とうほくち

④ ゆうひ

⑤ よみかた　よみ

⑥ かきかた　かき

⑦ ほうほう　ほう

⑧ ほうこう　こう

●とくべつなことば…七夕：たなばた

11章（しょう） ふくしゅう

1. かん字（じ）を　よみましょう。

① ながい間　かぞくに　あうことが　できませんでした。	①
② きのうの　よる　何を　たべましたか。	②
③ 9時半に　ともだちに　あう　やくそくが　あります。	③ く
④ 田中（たなか）さんは　今　出（で）かけています。	④
⑤ あと5分で　でんしゃが　出ます。	⑤ ご
⑥ つぎの　えいがは　夕方5時（じ）からです。	⑥
⑦「時は　金（かね）なり」という　ことわざを　しっていますか。	⑦
⑧ 今日　よていが　ありますか。	⑧
⑨ ひる間は　学校（がっこう）で　べんきょうしています。	⑨ ひる
⑩ 友（とも）だちを　30分ぐらい　まっています。	⑩ さんじっ

2. かん字（じ）を　かきましょう。

① こんげつ　大学（だいがく）の　入学（にゅうがく）しけんが　あります。	①
② はんとしまえから　えいごを　べんきょうしています。	② まえ
③ すみません。今（いま）　なんじですか。	③
④ 1しゅうかん　休（やす）みを　とります。	④ 1しゅう
⑤ こんばん　いっしょに　のみに　行（い）きませんか。	⑤ ばん
⑥ 子（こ）どもと　あそぶじかんを　大（たい）せつに　しています。	⑥
⑦ 友（とも）だちに　はんぶん　おかしを　あげました。	⑦
⑧ ぎん行（こう）は　花（はな）やと　本（ほん）やの　あいだに　あります。	⑧
⑨ パーティーで　りょうりを　わけます。	⑨ けます
⑩ おなかが　すきましたから　なにか　たべたいです。	⑩ か

11章 クイズ

1. パンフレットと（　　）のよみ方を　見て □ に　かん字を　かきましょう。

ふじ山　りょこう

5月30日（土）
9：30　しんじゅくえき

大人：7,500円、子ども：3,000円

［よやく］
ARCツアー：03-1234-5678

あなた：　もしもし、田中さん（いま）① □ はなしても いいですか。

田中さん：はい、（なん）② □ ですか。

あなた：　今月の　30日に　いっしょに　ふじ山へ　行きませんか。

田中さん：ふじ山ですか。いいですね。30日は（なん）③ □ よう日ですか。

あなた：　④ □ よう日です。しんじゅくえきから　バスで　ふじ山へ　行きます。

田中さん：わかりました。（なんじ）⑤ □□ の　バスですか。

あなた：　9 ⑥ □□ です。（おとな）⑦ □□ は 一人　7,500円ですよ。

田中さん：わかりました。たのしみですね。

あなた：　そうですね。（きょう）⑧ □□ ARCツアーに　でんわして　よやくします。

田中さん：ありがとうございます。

2. A □ と B □ を　あわせて　かん字(じ)を　つくりましょう。

A

日　亻　人　門　~~木~~　八

B

~~交~~　ラ　可　刀　寺　日

れい　校　□　□　□　□　□

3. ①－⑥の　かん字(じ)の　よみ方(かた)を　□　に　かきましょう。
＿＿＿＿＿に　あなたの　こたえも　かきましょう。

友(とも)だち：　いつも　①何時に　おきますか。

あなた：　＿＿＿＿＿に　おきます。

友(とも)だち：　しゅみは　②何ですか。

あなた：　＿＿＿＿＿＿＿＿＿＿＿＿＿＿＿＿

友(とも)だち：　③今日の　ごご　④時間が　ありますか。

あなた：　＿＿＿＿＿＿＿＿＿＿＿＿＿＿＿＿

友(とも)だち：　⑤今　いちばん　⑥何が　ほしいですか。

あなた：　＿＿＿＿＿＿＿＿＿＿＿＿＿＿＿＿

①	②	③
④	⑤	⑥

12章(しょう) しぜん－2

Nature 2
自然 2
Tự nhiên 2

くみあわせの　かんじです。しぜんの　かんじを　べんきょうしましょう。

林

森

畑

岩

音

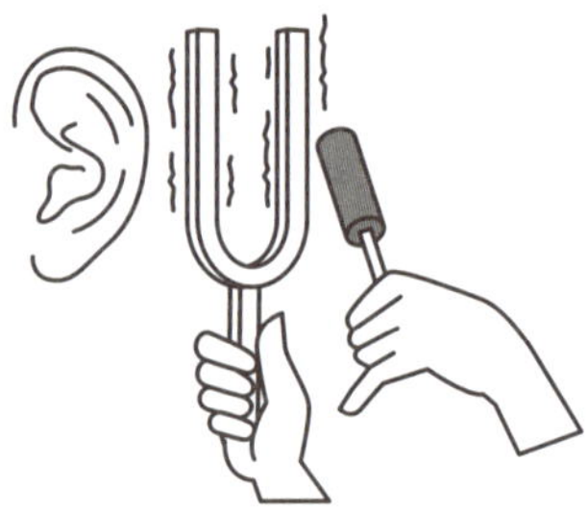

明

暗

林	はやし （－ばやし） リン	8かく

森	もり シン	12かく

◆ かん字(じ)を　よみましょう。

① うちの　ちかくに　林が　あります。

② 竹林で　竹の子を　とりました。

③ 日本は　森林が　おおい　くにです。

④ きのう　森の　中を　さんぽしました。

⑤ あお森けんは　りんごが　ゆう名です。

◆ かん字(じ)を　かきましょう。

① はやし

② すぎばやし　すぎ

③ さんりん

④ しんりん

⑤ もり

⑥ あおもりけん　あお　　けん

⑦ もりさん　　さん

畑 はたけ (ばたけ) はた 9かく	畑 畑
	火 炒 灯 畑 畑 畑
岩 いわ ガン 8かく	岩 岩
	山 岩 岩 岩 岩 岩

◆ かん字(じ)を よみましょう。

① 畑で トマトを つくっています。

② とうきょうは 田畑が すくないです。

③ あそこの 岩の 上に 人が 立っています。

（　）（　）（　）（　って）

④ 来しゅう はじめて 岩山に のぼります。

（　しゅう）（　）

⑤ よう岩を 見たことが ありますか。

（よう　）（　た）

◆ かん字(じ)を かきましょう。

① はたけ（　）　② たはた（　）

③ トマトばたけ（トマト　）　④ いわ（　）

⑤ いわやま（　）　⑥ ようがん（よう　）

音	おと ね オン
9かく	＊

音　音

1 2 3 4 5 6 7 8 9

◆ かん字(じ)を　よみましょう。

① あの音は　なんの　音ですか。

② ピアノよりも　バイオリンの　音いろのほうが　好きです。

いろ　き

③ 学校で　日本語(ご)の　はつ音を　れんしゅうします。

ご　はつ

◆ かん字(じ)を　かきましょう。

① おと

② はつおん　はつ

③ おんがく　がく

④ ねいろ　いろ

明	あか－るい あ－ける メイ	8かく ＊
暗	くら－い アン	13かく

◆ かん字を　よみましょう。

① わたしの　へやは　とても　明るいです。
（　るい）

② よが　明けて　外が　明るくなりました。
（　けて）（　）（　るく）

③ 先生の　せつ明を　いっしょうけんめい　聞きます。
（　）（せつ　）（　きます）

④ へやが　暗いですから　でんきを　つけてください。
（　い）

⑤ この　ページを　暗きしてください。
（　き）

◆ かん字を　かきましょう。

① あかるい（　るい）　② あけがた（　け　）

③ よが あける（よが　ける）　④ せつめい（せつ　）

⑤ くらい（　い）　⑥ めいあん（　）

⑦ あんき（　き）　⑧ あんざん（　ざん）

●とくべつなことば…明日：あす・あした

12章(しょう)　ふくしゅう

1. かん字(じ)を　よみましょう。

① しゅうまつ　森へ　ハイキングに　行(い)きました。	①
② 明日までに　しゅくだいを　しなければなりません。	②
③ どんな　音がくが　好(す)きですか。	③ がく
④ とうきょうは　田畑が　すくないです。	④
⑤ へやが　暗いですから　でんきを　つけましょう。	⑤ い
⑥ 先生(せんせい)が　かん字(じ)の　よみかたを　せつ明しました。	⑥ せつ
⑦ ギターよりも　ピアノの　音いろのほうが　好(す)きです。	⑦ いろ
⑧ きのう　林の　中(なか)で　きのこを　見(み)つけました。	⑧
⑨ よが　明けて　あさが　来(き)ました。	⑨ けて
⑩ このあたりは　みかん畑が　おおいです。	⑩ みかん

2. かん字(じ)を　かきましょう。

① となりの　へやから　へんな　おとが します。	①
② もりの　おくに　きれいな　みずうみが あります。	②
③ あけがたまで　本(ほん)を　よんでいました。	③ け
④ このページを　あんきしてください。	④ き
⑤ ようがんを　見(み)たことがありますか。	⑤ よう
⑥ 日本(にほん)は　しんりんが　おおい　くにです。	⑥
⑦ にわの　はたけで　キャベツを　つくっています。	⑦
⑧ 外(そと)が　くらくなる　まえに　帰(かえ)りましょう。	⑧ く
⑨ あそこの　いわの　上(うえ)に　人(ひと)が　います。	⑨
⑩ そらが　あかるく　なりました。	⑩ るく

12章 クイズ

1. 下の　えを　見て、かん字を　かきましょう。

れい

好

①

②

③

④

⑤

2. Bの　かん字(じ)の　中(なか)に　Aの　かん字(じ)が　あります。
＿＿＿＿＿＿＿＿＿を　かきましょう。

れい

A	力	火	木	石	音	月
B	暗	森	男	明	畑	岩

3. ［　　］の中(なか)から　かん字(じ)を　えらんで　かきましょう。

①わたしの　しゅみは［　　］で　やさいを　つくる　ことです。

②山田(やまだ)さんは［　　］ざんが　とくいです。

③外(そと)で　大(おお)きな［　　］が　しました。

④わたしは　りょうりが　じょうずで［　　］るい人(ひと)と　けっこんしたいです。

⑤学校(がっこう)の　ちかくの［　　］で　よく　あそびました。

畑	林	音	明	暗

13章 どうし－2

Verb 2
动词 2
Động từ 2

どうしの　かん字(じ)です。えを　ヒントに　べんきょうしましょう。

言

書

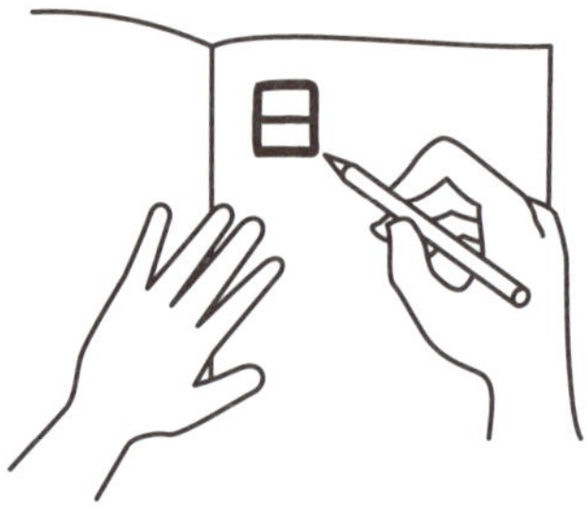

読

話

食

飲

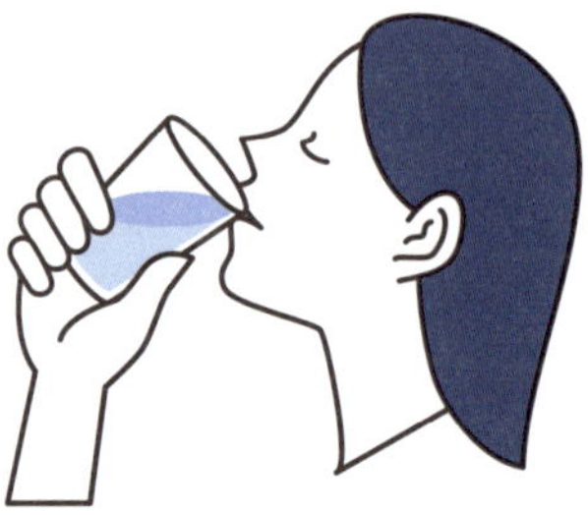

買

言　いｰう　こと　ゲン　ゴン　7かく

書　かｰく　ショ　10かく

◆ かん字(じ)を　読(よ)みましょう。

① 日本語(ご)で　言ってください。

ご　って

② 日本には　いろいろな　方言が　あります。

③ でん言を　おねがいします。

でん

④ ここに　名まえを　書いてください。

まえ　いて

⑤ じ書で　言ばの　いみを　しらべます。

じ　ば

◆ かん字(じ)を　書(か)きましょう。

① いう　＿う

② ことば　＿ば

③ ほうげん　＿

④ でんごん　でん＿

⑤ かく　＿く

⑥ じしょ　じ＿

⑦ しょどう　＿どう

読 よ-む ドク 14かく ＊	読 読
話 はな-す はなし ワ 13かく	話 話

◆ かん字(じ)を　読(よ)みましょう。

① まいばん　本を　読みます。
　　　　　　　　　みます

② 川口さんは　読書が　好きです。
　　　さん　　　　　　　き

③ 中山さんと　きっさてんで　2時間　話しました。
　　　さん　　　　　　　　　に　　　しました

④ ゆう名な　大学の　先生の　話を　聞きました。
ゆう　な　　　　　　　　　　　　きました

⑤ かい話の　れんしゅうを　しましょう。
かい

◆ かん字(じ)を　書(か)きましょう。

① よむ　　　む
② どくしょ
③ おんどく
④ はなす　　す
⑤ はなし
⑥ かいわ　　かい
⑦ でんわ　　でん
⑧ しゅわ

食 たーべる ショク 9かく *	食 食
	𠆢 今 今 𩙿 𩙿 食

飲 のーむ イン 12かく	飲 飲
	今 𩙿 飠 飠 飲 飲

◆ かん字(じ)を　読(よ)みましょう。

① ひるごはんは　何を　食べましたか。

（　　）（　　べましたか）

② 今ばん　いっしょに　食じを　しませんか。

（　　ばん）（　　じ）

③ 学校の　食どうで　ひるごはんを　食べました。

（　　）（　　どう）（　　べました）

④ あたたかい　お茶を　飲みます。

（お　　）（　　みます）

⑤ 飲食てんで　アルバイトを　しています。

（　　てん）

◆ かん字(じ)を　書(か)きましょう。

① たべる（　　べる）　② たべもの（　　べ　　）

③ しょくじ（　　じ）　④ しょくどう（　　どう）

⑤ のむ（　　む）　⑥ のみもの（　　み　　）

⑦ いんしょくてん（　　てん）

買 かーう バイ 12かく	買	買				

◆ かん字(じ)を　読(よ)みましょう。

① きのう　デパートで　大きい　かばんを　買いました。
　　　　　　　　　　　（　）きい　　　　（　）いました

② 休日は　よく　友だちと　買い物に　行きます。
（　）　　（　）だち（　）い（　）　（　）きます

◆ かん字(じ)を　書(か)きましょう。

① かう　（　）う　　② かいもの　（　）い（　）

③ ばいばい　ばい（　）

13章(しょう)　ふくしゅう

1. かん字(じ)を　読(よ)みましょう。

① 学校(がっこう)に　でん話を　かけました。	① でん
② 一(いち)ばん　好(す)きな　食べ物は　なんですか。	② べ
③「おおきに」は　かんさいの　方言です。	③
④ 1か月(げつ)に　十(じっ)さつ　本(ほん)を　読みます。	④ みます
⑤ この言ばの　いみは　なんですか。	⑤ ば
⑥ まいあさ　コーヒーを　飲みます。	⑥ みます
⑦ わたしは　こわい話が　大好(だいす)きです。	⑦
⑧ 飲食てんで　アルバイトを　したいです。	⑧ てん
⑨ こんど　いっしょに　食じを　しませんか。	⑨ じ
⑩ すみませんが　もういちど　言ってください。	⑩ って

2. かん字(じ)を　書(か)きましょう。

① きのう　はじめて　さしみを　たべました。	① べました
② わたしの　しゅみは　どくしょです。	②
③ 今日(きょう)　あたらしい　でん子(し)じ書(しょ)を　かいます。	③ います
④ 山下(やました)さんに　でんごんを　おねがいします。	④ でん
⑤ かいわを　もっと　れんしゅうしましょう。	⑤ かい
⑥ 明日(あした)　しぶやへ　かいものに　行(い)きます。	⑥ い
⑦ こちらに　名(な)まえと　じゅうしょを　かいてください。	⑦ いて
⑧ 何(なに)か　のみものは　いかがですか。	⑧ み
⑨ きのう　母(はは)と　1時間(じかん)　はなしました。	⑨ しました
⑩ このしょくどうの　りょうりは　おいしいです。	⑩ どう

13章(しょう) クイズ

1. [　　　]の　も字(じ)を　つかって□に　かん字(じ)を　書(か)きましょう。

~~日~~　売　日　良　舌　飠　貝

れい　でん[言]を　おねがいします。

① [欠]み物(もの)は　何(なに)が　いいですか。　② でん[言]を　かけます。

③ [𠆢]じに　行(い)きませんか。　④ じ[聿]で　しらべます。

⑤ スーパーで[罒]い物(もの)を　します。　⑥ 音(おん)[言]を　します。

2. サリーさんの　にっきです。かん字(じ)を　読(よ)みましょう。

せんしゅうの　日よう日　マリアさんと　買い物に　行きました。
れい にちようび　① [　]い　② [　]きました

デパートで　二千円の　サンダルを　買いました。
③ [　　]　④ [　]いました

それから　ゆう名な　カレーやで　ひるごはんを　食べました。みせに　人が
⑤ ゆう[　]な　⑥ [　]べました　⑦ [　　]

たくさん　いましたから　名まえを　書いて　まちました。
⑧ [　]まえ　⑨ [　]いて

カレーは　とても　おいしかったです。

マリアさんも　「30分　まちましたが　よかったです。」と　言いました。
⑩ さんじっ[　　]　⑪ [　]いました

それから　カフェで　お茶を　飲みました。2時間(じかん)　話しました。
⑫ お[　]　⑬ [　]みました　⑭ [　]しました

たのしい　一日でした。
⑮ [　　]

3. 何(なに)を　していますか。かん字(じ)で　書(か)きましょう。

① パットさんは　本(ほん)を ＿＿＿＿ います。

② トムさんは　でん話(わ)で ＿＿＿＿ います。

③ ロビンさんは　ジュースを ＿＿＿＿ います。

④ マリーさんは　音(おん)がくを ＿＿＿＿ います。

⑤ ジムさんは　おかしを ＿＿＿＿ います。

⑥ キャリーさんは　お茶(ちゃ)を ＿＿＿＿ います。

14章 町

Town
街道
Thị trấn, khu phố

まちの　かん字です。えを　ヒントに　べんきょうしましょう。

町

寺

電

車

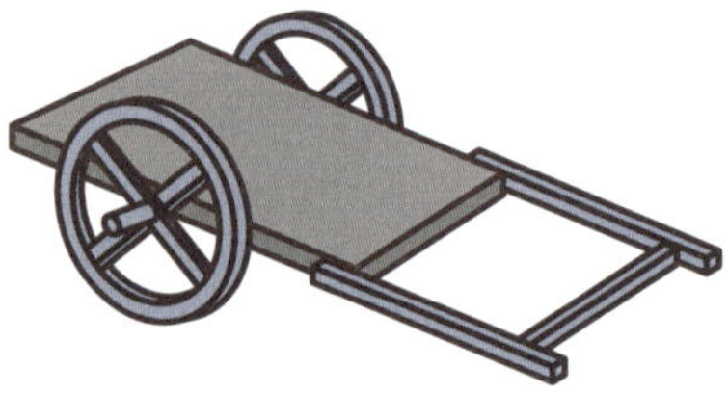

北

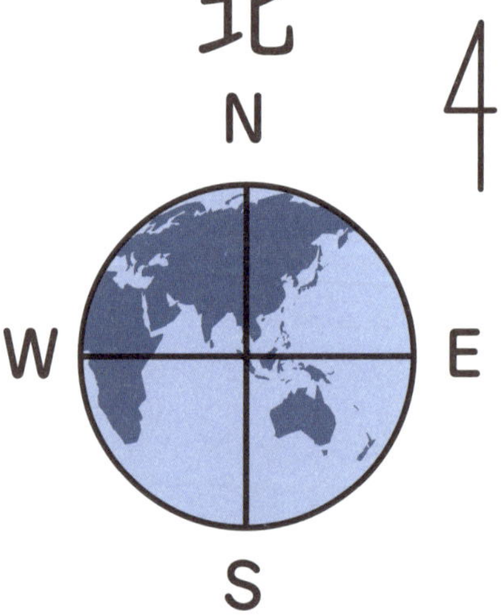

西

東

南

町 まち チョウ 7かく	町	町				
	1	2	3	4 5	6	7

寺 てら ジ 6かく	寺	寺				
	1	2	3	4	5	6

◆ かん字(じ)を　読(よ)みましょう。

① この町に　大きい　寺が　あります。
　　　　　　きい

② わたしの　父は　町ちょうです。
　　　　　　　　　ちょう

③ 休みの　日に　下町を　あるきました。
　　み

④ 先生と　わたしは　おなじ　町内に　すんでいます。

⑤ ほうりゅう寺は　日本で　一ばん　ふるい　寺です。
ほうりゅう　　　　　ばん

◆ かん字(じ)を　書(か)きましょう。

① まち　　② したまち

③ ちょうちょう　ちょう　　④ ちょうない

⑤ てら　　⑥ ほうりゅうじ　ほうりゅう

電	デン	13かく
車	くるま シャ	7かく

◆ かん字を　読みましょう。

① この電車は　しんじゅくへ　行きますか。
（　　）（　きますか）

② へやの　電きを　つけます。
（　き）

③ 友だちに　電話を　しました。
（　だち）（　　）

④ うちから　えきまで　車で　5分です。
（　　）（ご　）

⑤ じてん車で　買い物に　行きます。
（じてん　）（　い　）（　きます）

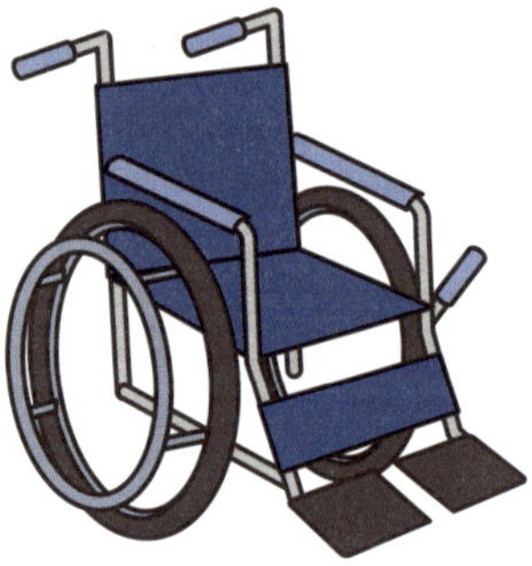

◆ かん字を　書きましょう。

① でんき（　き）　② でんわ（　　）

③ でんしゃ（　　）　④ でんりょく（　　）

⑤ くるまいす（　いす）　⑥ じてんしゃ（じてん　）

⑦ しゃない（　　）　⑧ じどうしゃ（じどう　）

東 ひがし トウ 8かく	東	東				
	一	冖	冂	巨	申	東

西 にし セイ 6かく *	西	西				
	一	丅	冂	襾	襾	西

◆ かん字(じ)を 読(よ)みましょう。

① 学校は えきの 東に ありますか。西に ありますか。

② 東きょうの 人口は どのくらいですか。

きょう

③ 西口に 大きい デパートが あります。

きい

④ 今日は ほく西の かぜが つよいです。

ほく

⑤ きのう 西日本に 大雨が ふりました。

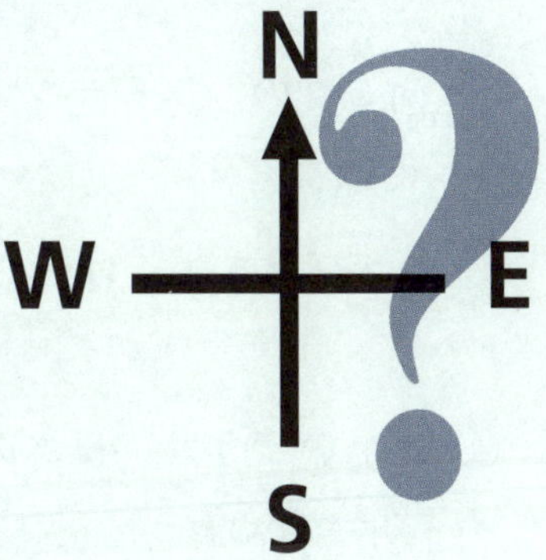

◆ かん字(じ)を 書(か)きましょう。

① ひがし

② ひがしぐち

③ ひがしにほん

④ かんとうちほう かん ち

⑤ にし

⑥ にしぐち

⑦ にしにほん

●とくべつなことば…かん西：かんさい

南	みなみ ナン	9かく	＊

一 十 冂 冂 南 南 (stroke order 1–9)

北	きた ホク （ホッ-）	5かく

北 (stroke order 1–5)

◆ かん字を　読みましょう。

① 友だちと　南アメリカを　りょ行しました。
（　だち）（　アメリカ）（りょ　）

② 南ごくの　フルーツは　あまくて　おいしいです。
（　ごく）

③ ゆうびんきょくは　北口から　あるいて　3分ぐらいです。
（　　）（さん　）

④ 北かいどうは　日本の　一ばん　北に　あります。
（　かいどう）（　　）（　ばん）（　）

⑤ 東北ち方は　ゆきが　たくさん　ふります。
（　ち　）

◆ かん字を　書きましょう。

① みなみ（　　）
② みなみぐち（　　）
③ とうなんアジア（　　アジア）
④ なんごく（　　ごく）
⑤ きた（　　）
⑥ きたぐち（　　）
⑦ ほくせい（　　）
⑧ とうほくちほう（　ち　）

●とくべつなことば…東西南北：とうざいなんぼく

14章 ふくしゅう

1. かん字を　読みましょう。

① 北かいどうは　魚や　貝が　おいしいです。	①	かいどう
② 南アフリカで　ワールドカップが　ありました。	②	アフリカ
③ 町の　おまつりは　にぎやかです。	③	
④ 東きょうで　一人ぐらしを　はじめました。	④	きょう
⑤ 電車に　のって　うみへ　行きました。	⑤	
⑥ あたらしい　車が　ほしいです。	⑥	
⑦ うちの　ちかくに　ふるい　寺が　あります。	⑦	
⑧ 下町には　むかしの　たてものが　のこっています。	⑧	
⑨ じてん車で　友だちの　うちへ　行きました。	⑨	じてん
⑩ わたしの　うちは　えきの　北西に　あります。	⑩	

2. かん字を　書きましょう。

① ほうりゅうじへ　行って　おまもりを　かいました。	①	ほうりゅう
② びょういんは　にしぐちから あるいて　3分です。	②	
③ しゃないで　食べたり　飲んだりしてはいけません。	③	
④ おなじ　ちょうないに　友だちが　たくさん　います。	④	
⑤ ここに　くるまは　入ることが　できません。	⑤	
⑥ 先しゅう　しごとで　とうなんアジアへ　行きました。	⑥	アジア
⑦ えきに　ついてから　でんわしてください。	⑦	
⑧ 学校まで　でんしゃで　30分です。	⑧	
⑨ つめたい　きたからの　かぜが　ふいています。	⑨	
⑩ パイナップルは　なんごくの　くだものです。	⑩	ごく

14章 クイズ

1. これは　何ですか。（　　）に　かん字を　書きましょう。
また　①～⑥は　どれですか。A、B、Cを　書きましょう。

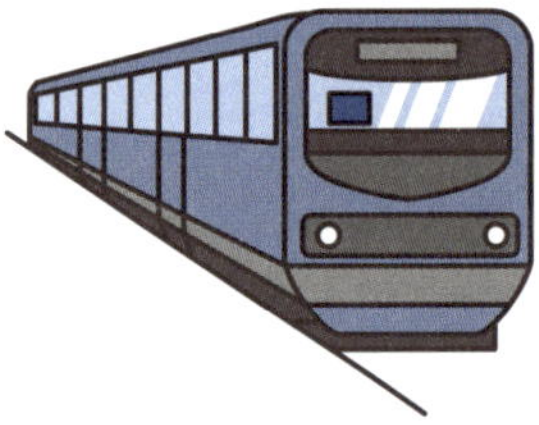  

A（　　　　　　）　B（じどう　　　）　C（じてん　　　）

れい　一ばん　大きいです。　（　A　）

① 二つの　タイヤで　うごきます。　（　　　）

② 二人で　のってはいけません。　（　　　）

③ 二十人　のることが　できます。　（　　　）

④ ガソリンを　つかいます。　（　　　）

⑤ おさけを　飲んでも　のることができます。　（　　　）

⑥ 子どもも　うんてんすることが　できます。　（　　　）

2. かん字の　けいさんです。　かん字を　書きましょう。

れい　田 ＋ 丁 ＝ 町

① 土 ＋ 寸 ＝ □

② 二 ＋ 日 ＋ 丨 ＝ □

③ 酉 − 一 ＝ □

④ 申 ＋ 一 ＋ 八 ＝ □

⑤ 十 ＋ 冂 ＋（ 羊 − 一 ）＝ □

3. かん字を　書きましょう。

さくぶん　　　　1A　ジュリア

せんげつの　やすみに　ともだちと　かまくらへ　いきました。
①　　②　み　③　だち　④　きました

かまくらには　ふるい　てらが　たくさん　あります。
⑤

とうきょうから　でんしゃで　1じかんでした。
⑥　きょう　⑦　⑧　1

かまくらえきで　じてんしゃを　かりて　いろいろな　ばしょへ　いきました。
⑨　じてん

おひるごはんは　ゆうめいな　そばやで　そばを　たべました。
⑩　ゆう　な　⑪　べました

ほんで　しらべて　まえの　ひに　でんわで
⑫　⑬　⑭

よやくしました。とても　おいしかったです。

ごはんを　たべて　うみへ　いきました。　きれいな　かいを　ひろいました。
⑮　べて　⑯

おみやげも　かって　かえりました。とても　たのしい　いちにちでした。
⑰　って　⑱　りました　⑲

けいようし

Adjective
形容词
Tính từ

けいようしの　かん字(じ)です。

新　　古　　長

安　　多　　少

元　　気

新　あたら－しい　シン
13かく　＊

古　ふる－い　コ
5かく　＊

◆かん字を　読みましょう。

① 新年　おめでとうございます。

② けさ　新聞を　読みましたか。
（　　）（　　みましたか）

③ 新しい　車　が ほしいです。
（　　しい）（　　）

④ 先月　中古車を　買いました。
（　　）（　　）（　　いました）

⑤ きょうとは　古い　町です。
（　　い）（　　）

◆かん字を　書きましょう。

① あたらしい（　　しい）
② しんねん（　　）
③ しんぶん（　　）
④ しんしゃ（　　）
⑤ しんにゅうしゃいん（　　しゃいん）
⑥ ふるい（　　い）
⑦ ふるほん（　　）
⑧ ちゅうこしゃ（　　）

長 ながーい チョウ 8かく	長	長				

安 やすーい アン 6かく	安	安				

◆ かん字(じ)を　読(よ)みましょう。

① 山田さんは　かみが　長い　人です。
さん　い

② わたしの　長男は 五さい、長女は　三さいです。

③ わたしの　父は　小学校の　校長です。

④ ちょっと　高いですね。もっと　安い　シャツは　ありませんか。
い　い

⑤ ひさしぶりに　むすこと　電話で　話しました。とても　安しんしました。
しました　しん

◆ かん字(じ)を　書(か)きましょう。

① ながい　い

② ながねん

③ しゃちょう　しゃ

④ ちょうじょ

⑤ こうちょう

⑥ やすい　い

⑦ あんしん　しん

⑧ あんぜん　ぜん

多　おお－い　タ
6かく
ノ ク タ 多 多 多

少　すく－ない　すこ－し　ショウ
4かく
亅 小 小 少

◆ かん字(じ)を　読(よ)みましょう。

① 今月は　ざんぎょうが　多いです。
［　　］　［　　い］

② これは　多すうの　人の　い見です。
［　　すう］［　　］［い　　］

③ わたしは　ベトナム語(ご)が　多少　わかります。
［　　］

④ この町の　人口は　きょ年より　少ないです。
［　　］［　　］［きょ　　］［　　ない］

⑤ 少し　かん字を　読むことが　できます。
［　　し］［かん　　］［　　む］

◆ かん字(じ)を　書(か)きましょう。

① おおい［　　い］　② たすう［　　すう］

③ たしょう［　　］　④ すくない［　　ない］

⑤ すこし［　　し］　⑥ しょうねん［　　］

⑦ しょうじょ［　　］　⑧ しょうすう［　　すう］

元 もと ゲン ガン 4かく	元 元
	一 二 テ 元

気 キ 6かく ＊	気 気
	ノ 𠂉 气 気 気 気

◆かん字を　読みましょう。

① 一月一日は　元日です。

② 大田さんは　元　小学校の　先生です。
（　　さん）

③ ひさしぶりですね。お元気ですか。

④ 今日は　てん気が　いいですね。
（　　）（てん　）

⑤ 気分は　いかがですか。

◆かん字を　書きましょう。

① がんじつ

② げんき

③ てんき　てん

④ きもち　もち

⑤ きぶん

⑥ びょうき　びょう

⑦ でんき

15章(しょう) ふくしゅう

1. かん字(じ)を　読(よ)みましょう。

① わたしの　父(ちち)は　高校(こうこう)の　校長です。
② かわいい　少女が　ベンチに　すわっています。
③ くにの　母(はは)が　安しんしますから　よく　電話(でんわ)をします。
④ 古い　しゃしんを　見(み)ました。
⑤ この町(まち)は　マンションが　多いです。
⑥ 中古車を　三十万円(さんじゅうまんえん)で　買(か)いました。
⑦ もう少し　ゆっくり　話(はな)してください。
⑧ 元日に　かぞくと　いっしょに　はつもうでに　行(い)きます。
⑨ 四月(しがつ)に　新入しゃいんが　二人(ふたり)　入(はい)りました。
⑩ 今日(きょう)は　あさから　気分が　よくないです。

①	
②	
③	しん
④	い
⑤	い
⑥	
⑦	し
⑧	
⑨	
⑩	

2. かん字(じ)を　書(か)きましょう。

① しんねん　おめでとうございます。
② 山下(やました)さんは　もと　けいさつかんです。
③ あんぜんに　気(き)をつけて　しごとをします。
④ ボーナスで　あたらしい　かばんを　買(か)いました。
⑤ わたしは　えいごが　たしょう　わかります。
⑥ いつも　やすい　スーパーで　買(か)い物(もの)を　します。
⑦ この町(まち)は　10年(ねん)まえより　人(ひと)が　すくなくなりました。
⑧ そ母(ぼ)は　八十五(はちじゅうご)さいですが　とても　げんきです。
⑨ わたしは　ながねん　ロンドンに　すんでいました。
⑩ あさの　ジョギングは　きもちが　いいです。

①	
②	
③	ぜん
④	しい
⑤	
⑥	い
⑦	なく
⑧	
⑨	
⑩	もち

15章(しょう) クイズ

1. ヒントを　読(よ)んで、□に　かん字(じ)を　書(か)きましょう。

① あのレストランは　おきゃくさんが　□　ないですね。

ヒント：あまり　人(ひと)が　いません　。

② しぶやは　わかい　人(ひと)が　□　い　まちです。

ヒント：たくさん　人(ひと)が　います。

③ わたしの　車(くるま)は　□　しいです。

ヒント：３日(か)まえに　買(か)いました。

④ わたしの　とけいは　とても　□　いです。

ヒント：10年(ねん)まえに　友(とも)だちに　もらいました。

⑤ このりんごは　とても　□　かったです。

ヒント：スーパーで　200円(えん)でした。

⑥ このゆびわは　とても　□　かったです。

ヒント：ボーナスで　買(か)いました。

2. かん字を　つくりましょう。

れい	日	＋	月	→	明		
①	宀	＋	女	→			
②	夕	＋	夕	→			
③	小	＋	ノ	→			
④	立	＋	木	＋	斤	→	
⑤	二	＋	ル	→			

3. トムさんが　子どもについて　話しています。＿＿＿＿の　かん字の　読み方を　書きましょう。

わたしの　子どもの　名まえは　マリーです。今年　5さいです。

①＿＿ども　②＿＿まえ　③＿＿

かみが　長くて　かわいい　女の子です。　日本人の　子どもより

④＿＿くて　⑤＿＿の　⑥＿＿　⑦＿＿ども

少し　せが　高いです。いつも　元気です。

⑧＿＿し　⑨＿＿い　⑩＿＿

きのう　はじめて　日本人の　友だちが　うちへ　あそびに　来ました。

⑪＿＿　⑫＿＿だち　⑬＿＿ました

マリーは　友だちと　日本語で　話していました。

⑭＿＿して

わたしと　つまは　少し　安しんしました。

⑮＿＿しん

11章(しょう)～15章(しょう) アチーブメントテスト

1. かん字(じ)を　読(よ)みましょう。

① 夕方から　かぜが　つよく　なりました。

② 先(せん)しゅう　おなじ　クラスの　学生(がくせい)と　飲みに　行(い)きました。
み

③ 時間が　ありませんから　タクシーで　行(い)きます。

④ そらが　暗いですから　たぶん　雨(あめ)が　ふると　おもいます。
い

⑤ もう　12時(じ)ですね。何か　食(た)べに　行(い)きませんか。
か

⑥ 畑を　かりて　やさいを　つくる人(ひと)が　多く　なりました。
く

⑦ 木田(きだ)さんは　とても　明るい　人(ひと)です。
るい

⑧ 車の　うんてんが　できますか。

⑨ デパートよりも　うちの　ちかくの　スーパーの　ほうが　安いです。
い

⑩ すみません。もう少し　ゆっくり　言(い)ってください。
し

2. かん字(じ)を　書(か)きましょう。

① いんしょくてん	てん	② でんわ	
③ とうきょう	きょう	④ かいもの	い
⑤ しゃちょう	しゃ	⑥ みなみぐち	
⑦ にしにほん		⑧ しんりん	
⑨ ちょうじょ		⑩ でんごん	でん

3. かん字(じ)を　書(か)いたり　読(よ)んだりしましょう。

わたしの　しゅみは　①どくしょと　さんぽです。

まい日(にち)　②でんしゃで　学校(がっこう)へ　行(い)きます。わたしの　③町から　学校(がっこう)まで　④１じかんはんぐらい　かかりますから　いつも　でんしゃの　中(なか)で　本(ほん)を　⑤よみます。エッセイや　おもしろい　⑥話が　好(す)きです。

⑦てん気が　いい日(ひ)は　出(で)かけます。わたしの　うちから　⑧北に　⑨１０ぷん　ぐらい　あるくと　⑩ふるい　⑪寺が　あります。寺の　となりに　すぎの　⑫林が　あります。ときどき　林を　さんぽします。

気(き)もちが　よくて　⑬げんきに　なります。

寺の　⑭ひがしに　⑮やさい畑が　あります。⑯畑に　いる　おばあさんと　さんぽのとき　よく　⑰話します。ときどき　おばあさんが　つくった　やさいを　いっしょに　⑱たべます。

おばあさんが「⑲今　トマトを　つくっていますから　今(こん)ど　あげますよ。」と　⑳言いました。とても　たのしみです。

①	②	③	④ １
⑤　　みます	⑥	⑦ てん	⑧
⑨ 10	⑩　　い	⑪	⑫
⑬	⑭	⑮ やさい	⑯
⑰　　します	⑱　　べます	⑲	⑳　　いました

ノート

1. つぎの　えから　どんな　かんじが　できましたか。

	え		かん字	つかいかた
れい			月	・月がきれいです ・正月
1	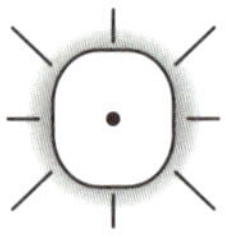	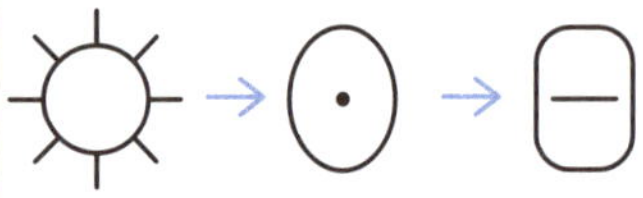		
2	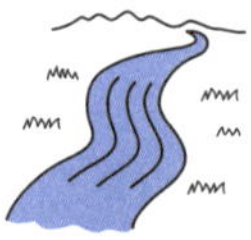	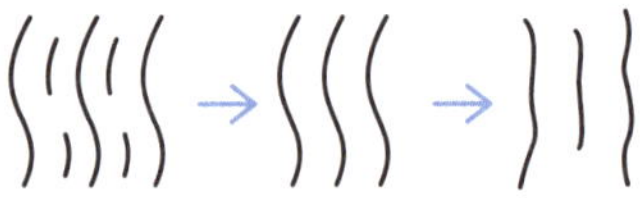		
3		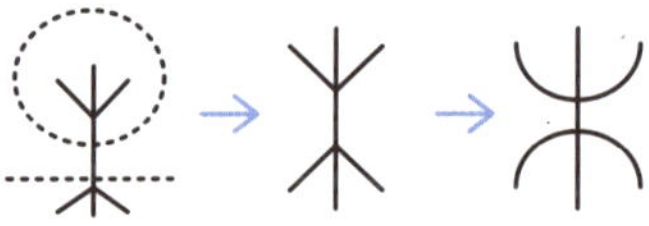		
4	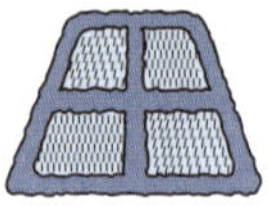	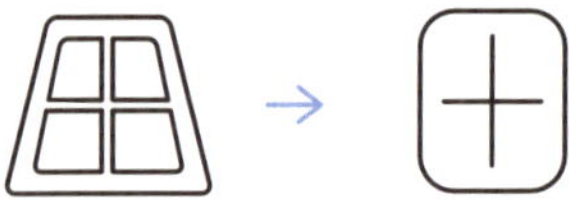		
5		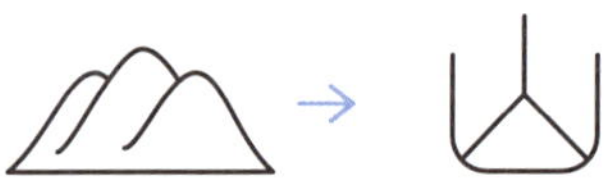		
6	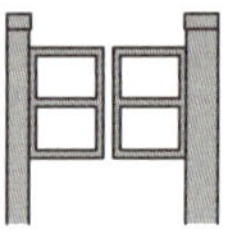	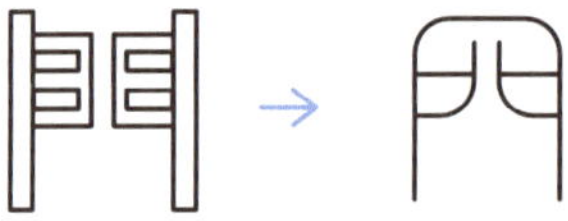		
7		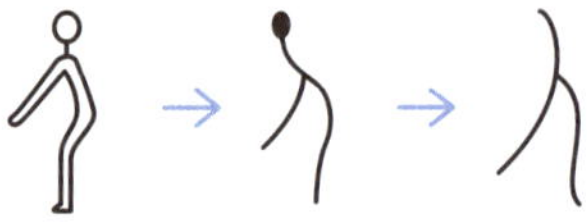		
8				
9				

ノート

	え		かん字	つかいかた
10				
11		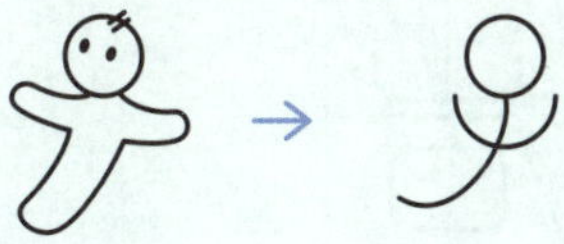		
12				
13				
14		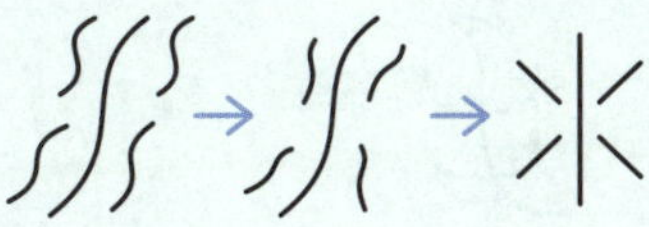		
15	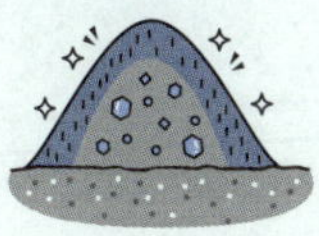	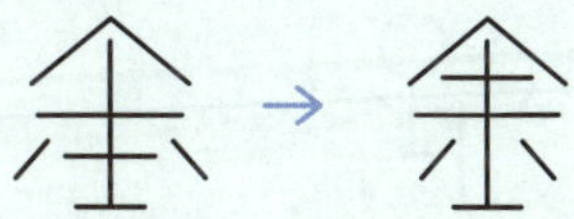		
16	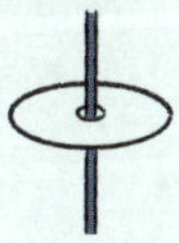			
17				
18				
19				

ノート

	え		かん字	つかいかた
20				
21		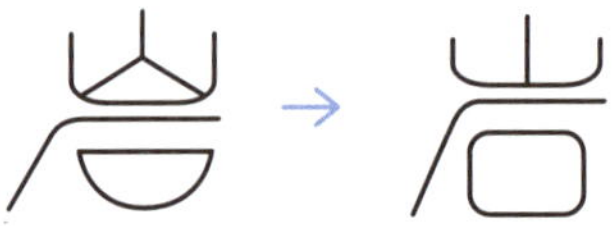		
22	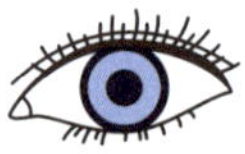			
23				
24	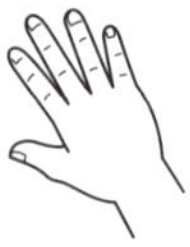			
25	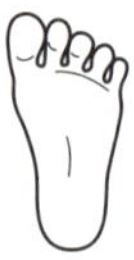			
26				
27				
28		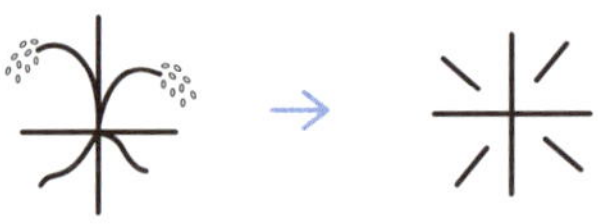		
29	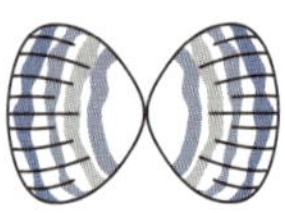			

ノート

	え		かん字	つかいかた
30				
31				
32				
33				
34				
35	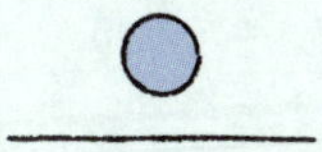			
36	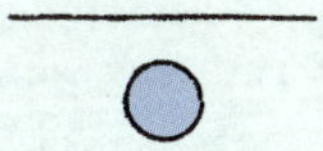			

ノート

2. どうやって　できましたか。

		かん字	つかいかた
37	亻 ＋ 木		
38	女 ＋ 子		
39	木 ＋ 木		
40	木 ＋ 木 ＋ 木		
41	厂 ＋ 口		
42	日 ＋ 月		
43	田 ＋ 力		
44	艹 ＋ 化		
45	牛 ＋ 勿		
46	亻 ＋ 本		

ノート

		かん字	つかいかた
47	門 ＋ 耳		
48	日 ＋ 寺		
49	日 ＋ 音		
50	火 ＋ 田		

そのほかの　よみかた

章	ページ	かん字	読み
1	13	一	ひと
1	13	一	イツ
1	13	二	ふた
1	14	三	み
1	14	三	み-つ
1	14	四	よ-つ
1	15	五	いつ
1	15	六	む
1	15	六	む-つ
1	15	六	むい
1	16	七	なな
1	16	七	なの
1	16	八	や
1	16	八	や-つ
1	16	八	よう
1	17	九	ここの
1	17	十	と
1	18	千	ち
1	19	万	バン
1	19	円	まる-い
2	25	火	ほ
2	26	木	こ
2	27	金	かな
2	27	金	コン
2	27	土	ト
3	33	口	ク
3	36	目	ま
3	36	目	ボク
3	37	手	た
3	37	足	た-りる
3	37	足	た-る
3	38	力	リキ

章	ページ	かん字	読み
4	41	川	セン
4	42	石	シャク
4	42	石	コク
4	44	雨	あま
5	49	上	うわ
5	49	上	かみ
5	49	上	あ-げる
5	49	上	のぼ-せる
5	49	上	のぼ-す
5	49	上	ショウ
5	49	下	しも
5	49	下	もと
5	49	下	さ-げる
5	49	下	くだ-す
5	49	下	くだ-さる
5	49	下	お-ろす
5	49	下	お-りる
5	49	下	カ
5	50	右	ユウ
5	51	外	ほか
5	51	外	はず-す
5	51	外	はず-れる
5	51	外	ゲ
5	51	内	ダイ
6	60	生	い-かす
6	60	生	い-ける
6	60	生	う-む
6	60	生	お-う
6	60	生	は-える
6	60	生	は-やす
6	60	生	き
6	60	生	なま

そのほかの　よみかた

章	ページ	かん字	読み
6	61	字	あざ
6	62	休	やす-まる
6	62	休	やす-める
7	67	大	おお
7	67	大	おお-いに
7	67	小	お
7	68	高	たか
7	68	高	たか-まる
7	68	高	たか-める
7	69	入	い-る
7	69	出	スイ
7	70	門	かど
7	70	体	テイ
8	76	子	ス
8	76	男	ナン
8	77	女	め
8	77	女	ニョ
8	77	女	ニョウ
9	83	立	リュウ
9	83	立	た-てる
9	84	見	み-える
9	84	聞	き-こえる
9	84	聞	モン
9	85	行	ゆ-く
9	85	行	アン
9	85	来	きた-る
9	85	来	きた-す
9	86	帰	かえ-す
10	91	米	ベイ
10	91	茶	サ
10	94	好	この-む
10	94	好	す-く

章	ページ	かん字	読み
11	101	間	ケン
11	102	半	なか-ば
11	102	分	わ-かれる
11	102	分	わ-かる
11	102	分	わ-かつ
11	102	分	ブ
11	103	今	キン
11	103	何	カ
11	104	夕	セキ
12	111	音	イン
12	112	明	あ-かり
12	112	明	あか-るむ
12	112	明	あか-らむ
12	112	明	あきらか
12	112	明	あ-く
12	112	明	あ-くる
12	112	明	あ-かす
12	112	明	ミョウ
13	118	読	トク
13	118	読	トウ
13	119	食	く-う
13	119	食	く-らう
13	119	食	ジキ
14	127	西	サイ
14	128	南	ナ
15	133	新	あら-た
15	133	新	にい
15	133	古	ふる-す
15	136	気	ケ

解答（かいとう）

◆ 1 章（しょう）

p13　①ひとつ　ふたつ　②いちまい　③いちがつ　④いちにち　いっぽん　⑤にかい
①一つ　②一まい　③一にち　④一こ　⑤一ぽん　⑥二つ　⑦二だい　⑧二がつ

p14　①みっつ　よっつ　②いちまんえんさつ　さんまい　③いちにち　よじかん
④よんほん　⑤しがつ
①三つ　②三まい　③三ぼん　④三さい　⑤四つ　⑥四ほん　⑦四じかん　⑧四がつ

p15　①いつつ　②ごにん　③ごがつ　④ろくがつ　⑤ろっぽん
①五つ　②五にん　③五がつ　④五かい　⑤六つ　⑥六がつ　⑦六じ　⑧六ぽん

p16　①ななかい　②しちがつ　③しちごさん　④はちがつ　⑤はっこ・はちこ
①七つ　②七まい　③七がつ　④七五三　⑤八つ　⑥八がつ　⑦八ぽん　⑧八まい

p17　①きゅうこ　②くじ　じゅうじ　③きゅうにん　ひとつ　④くがつ　とおか
⑤にじっぷん
①九つ　②九か　③九にん　④九じ　⑤十か　⑥十にん　⑦十じ　⑧三十ぷん

p18　①ひゃくにん　②いちねん　さんびゃくろくじゅうごにち　③せんえんさつ
④きゅうせんはっぴゃくえん　⑤さんぜんえん
①百にん　②百こ　③三百にん　④六百えん　⑤千にん　⑥八千えん
⑦三百六十五にち

p19　①いちまんきゅうせんにん　②ななひゃくまんにん　③いちまんえんさつ
④さんびゃくまんえん　⑤ごひゃくドル　えん
①二万にん　②五百万にん　③百円　④千円　⑤一万円　⑥十万円　⑦百万円
⑧一千万円

p20　ふくしゅう
1.①みっつ　②いつつ　③いっぽん　④にまい　⑤くじ　⑥よんじっぷん
⑦ななかい　⑧さんぜんえん　⑨よんひゃくえん　⑩さんびゃくにん
2.①四じかん　②七五三　③二かい　④六こ　⑤十万円　⑥九千円
⑦十一にん　⑧八ぽん　⑨六百円　⑩一にち

p22　クイズ
1.①二＜七＜九　②五＜六＜八　③百＜千＜万
2.①六　ろっぽん　②四　よんだい　③五　ごまい　④九　きゅうこ
⑤八　はっさつ
3.①六百八十円　②四百七十円　③三万百七円　④五千二百万円　⑤二千二百八十円
4.①二　十四　九　②三　③六　十七　十八　④五〇三

◆ 2 章（しょう）

p25　①つき　②げつようび　③こんげつ　④くがつ　⑤ひ
①月　②月ようび　③こん月　④ 1 か月　⑤ 11 月　⑥火　⑦たばこの　火　⑧火ようび

p26　①みず　②すいようび　③さくらの　き　④たいぼく　⑤もくようび
①水　②水ようび　③水えい　④こう水　⑤りんごの　木　⑥たい木　⑦木ようび

p27　①おかね　②きん　③きんようび　④つち　⑤どようび
①お金　②金　③金ようび　④げん金　⑤りょう金　⑥土　⑦土ようび

p28　①にちようび　ははのひ　②せいねんがっぴ　③しちがつなのか

④まいとし　たんじょうび　⑤にねんまえ
①ちちの日　②たんじょう日　③きゅう日　④六日　⑤せい年月日　⑥年
⑦ 2025 年　⑧きょ年

p29　ふくしゅう
1. ①さんねん　②みず　③せいねんがっぴ　④いっかげつ　⑤らいげつ
⑥おかね　⑦きゅうじつ　⑧き　⑨かようび　⑩ごがついつか
2. ①月　②げん金　③さくらの　木　④きょ年　⑤火　⑥年　⑦水よう日
⑧土よう日　⑨十二月　⑩金よう日

p30　クイズ
1. ①六　ろくがつ　②十一　じゅういちがつ　③十二　じゅうにがつ
2. ①三月三日　さんがつ みっか　②五月五日　ごがつ いつか
③七月七日　しちがつ なのか
3. (1) ①月　②火　③水　④木　⑤金　⑥土
(2) ①九月　くがつ　②二十日　はつか　③十六日　じゅうろくにち
金よう日　きんようび　④二十四日　にじゅうよっか　土よう日　どようび

◆ 3 章(しょう)

p33　①ひと　②にほんじん　③なんにん　④くち　⑤じんこう　なんにん
①人　②アメリカ人　③三人　④なん人　⑤おおきい口　⑥口べに　⑦かいさつ口
⑧人口

p34　①め　②いくつめ　③もくてき　④みみ　みず　⑤じびか　みみ　みっつ
①目　②目ざましどけい　③目ぐすり　④一つ目　⑤目てき　⑥耳　⑦耳びか

p35　①にほんじん　て　②てがみ　きって　③あし　④さんじっそく　⑤たして
①手がみ　②きっ手　③あく手　④うんてん手　⑤手足　⑥足す　⑦一足　⑧三足

p36　①ちから　②かりょく　③きょうりょく　④しりょく　⑤おうさま
①力　②火力　③きょう力　④し力　⑤がく力テスト　⑥王さま

p37　ふくしゅう
1. ①アメリカじん　②ひとり　③あし　④かいさつぐち　⑤がくりょくテスト
⑥めざましどけい　⑦じびか　⑧てがみ　⑨きって　⑩じんこう
2. ①力　②人　③二十人　④二つ目　⑤目ぐすり　⑥王さま　⑦うんてん手　⑧耳
⑨二足　⑩足して

p38　クイズ
1. ①口　②足　③手　④王　⑤耳　⑥力
2. ①足　②目　③耳　④手　⑤手　⑥足　⑦耳　⑧手
3. ①め　②あし　③て　④みみ　⑤ひと　⑥がくりょくテスト
4. ①人　②足　③目　④耳　⑤手　⑥口　⑦力

◆ 4 章(しょう)

p41　①やま　②にちようび　ふじさん　③まいにち　やまのてせん　④やま　かわ
⑤ナイルがわ　いちばん
①にほんの　山　②ふじ山　③火山　④川　⑤アマゾン川　⑥山川さん　⑦川口さん

p42 ①たんぼ ②すいでん ③かわ こいし ④ほうせき ⑤いし
①田んぼ ②水田 ③山田さん ④石 ⑤こ石 ⑥ほう石 ⑦石田さん
p43 ①かびん はな ②はなたば ③どようび はなび ④まいにち はな みず ⑤たけ
①花 ②花びん ③花み ④花火 ⑤花たば ⑥竹 ⑦竹のこ ⑧竹りん
p44 ①ろくがつ あめ ②おおあめ ③にちようび うてん ④むし はな ⑤こんちゅう
①雨 ②おお雨 ③雨てん ④け虫 ⑤虫ば ⑥こん虫
p45 ふくしゅう
1. ①いし ②やまのてせん ③すいでん ④かわぐちせんせい ⑤かわ
⑥やま ⑦ほうせき ⑧かびん ⑨たけのこ ⑩あめ
2. ①ふじ山 ②山田さん ③田んぼ ④花 ⑤こ石 ⑥花たば ⑦花火 ⑧こん虫
⑨竹りん ⑩おお雨
p46 クイズ
1. ①山 ②竹 ③川 ④石 ⑤雨
2. ①山 ②川 ③手 ④石 ⑤田 ⑥足 ⑦竹 ⑧雨
3. ①山田 ②川田 ③石田 ④石川 ⑤竹山 ⑥山川
4. ①にちようび ②やま ③土よう日 ④あめ ⑤花 ⑥虫 ⑦かわ ⑧水 ⑨足

◆5章(しょう)

p49 ①うえ した ②よんかい あがりました ③すいじょう
④さがります ごど じゅうど ⑤くだって した
①年上 ②上がる ③上りのでんしゃ ④上下 ⑤年下 ⑥下ぎ ⑦下がる
⑧下りのでんしゃ
p50 ①みぎ ひだり ②みぎきき ひだりきき ③ひだりがわ ひと みぎがわ ④みぎ
⑤うせつ
①左 ②左足 ③左せつ ④つくえの右 ⑤右手 ⑥右せつ ⑦右がわ
p51 ①そと ②やまぐちせんせい がいしゅつ ③いちばん がいこく
④うちがわ そとがわ ⑤ないか
①外 ②外がわ ③外しゅつ ④外こく ⑤内がわ ⑥こう内 ⑦こく内 ⑧内か
p52 ①なか ②なか いちまんえん ③すいちゅう め ④かいぎちゅう
⑤いちにちじゅう
①へやの 中 ②くるまの 中 ③水中 ④しごと中 ⑤じゅぎょう中 ⑥一日中
p53 ふくしゅう
1. ①としした ②あがって ③うえ ④くだり ⑤すいじょう
⑥いちにちじゅう ⑦さゆう ⑧がいしゅつ ⑨うちがわ ⑩みぎ
2. ①年上 ②外 ③下 ④下がりました ⑤右がわ ⑥左きき ⑦上下
⑧こく内 ⑨中 ⑩じゅぎょう中
p54 クイズ
1. ①下 ②中 ③外 ④右 ⑤内
2. ①上 花 ②外 二 ③上 一 ④中 一人 ⑤中 下 下 一
3. ①上がります ②中 ③右 ④人 ⑤左 ⑥人 ⑦こう内 ⑧外 ⑨下 ⑩人
⑪一日中

◆アチーブメントテスト（配点：1. 2. は各2点、3. は各3点）

p56　1. ①ごがついつか　②ろくにん　③きゅうかい　④せんえんさつ　⑤げつようび
⑥みず　⑦みっつめ　⑧みみ　⑨ナイルがわ　⑩そと
2. ①八月十日　②火よう日　③さくらの木　④虫ば　⑤しカ　⑥ふじ山
⑦田んぼ　⑧竹のこ　⑨左きき　⑩こく内

p57　3. ①きん　②日よう日　③たんじょうび　④十人　⑤にかい　⑥ほうせき　⑦百万円
⑧お金　⑨ろっかい　⑩上がりました　⑪くつした　⑫足　⑬さんぼん
⑭ 2000 年　⑮おうさま　⑯雨　⑰ひと　⑱一日中　⑲花たば　⑳手がみ

◆6章（しょう）

p59　①がっこう　②まなんで　③だいがく　しんがく　④にゅうがくしき
⑤こうちょうせんせい
①学ぶ　②学校　③だい学　④にゅう学　⑤けん学　⑥校ちょう　⑦きゅう校
⑧てん校

p60　①がくせい　なんにん　②せんせい　さき　③せんしゅう　④せんじつ
⑤じゅうにがつ　うまれました
①先生　②先月　③先しゅう　④生きる　⑤生かつ　⑥人生　⑦一生　⑧たん生日

p61　①なまえ　②みょうじ　たなか　③ゆうめいな　④じ　⑤かんじ
①名まえ　②名しょ　③ち名　④ゆう名　⑤字　⑥も字　⑦しゅう字　⑧かん字

p62　①いっかげつ　ほん　②いちねん　にほん　③いっぽん　にほん　さんぼん
④やまもとさん　がっこう　やすみました　⑤ごがついつか　きゅうじつ
①本　②日本人　③一本　④三本　⑤五本　⑥休む　⑦なつ休み　⑧休みじかん

p63　ふくしゅう
1. ①まなんで　②うまれます　③がくせい　④みょうじ　⑤ほん　⑥せんげつ
⑦やすみましょう　⑧ゆうめいな　⑨やまもとさん　⑩いっぽん
2. ①学校　②先生　③日本　④中学生　⑤字　⑥生きました　⑦三本
⑧名まえ　⑨休日　⑩先

p64　クイズ
1. ①学校　②学生　③本　④かん字　⑤先生　⑥休みじかん
2. ①先月　②お花み　③先生　④十人　⑤学生　⑥三十人　⑦校ちょう先生
⑧日本　⑨日
3. ①名まえ　なまえ　②も字　もじ　③休日　きゅうじつ　④日本　にほん
⑤学生　がくせい　⑥先生　せんせい

◆7章（しょう）

p67　①やまかわさん　め　おおきい　②だいすき　③たいせつな　ひと　④ちいさい
⑤しょうがくせい
①大きい　②大学　③大きらい　④大せつ　⑤小さい　⑥小学生　⑦小学校　⑧小ぜに

p68　①いしかわさん　たかい　②こうこうせい　③たかい　④ともだち
⑤やまださん　しんゆう

①高い　②高校　③高校生　④友だち　⑤しん友

p69　①はいって　②いりぐち　でぐち　③にほん　しがつ　にゅうがくしき
④てがみ　だして　⑤ともだち　でかけました
①入れる　②入る　③入り口　④入学　⑤出る　⑥出す　⑦出せき　⑧外出

p70　①もん　②こうもん　③せんもん　④やまもと　からだ　⑤たいいくかん
①門　②校門　③せい門　④せん門　⑤入門　⑥体　⑦体力　⑧体じゅう

p71　ふくしゅう
1. ①にゅうがくしき　②たいせつ　③こうこうせい　④しょうがっこう
⑤ちいさい　⑥いれて　⑦だして　⑧しんゆう　⑨からだ　⑩がいしゅつ
2. ①大学　②小学生　③出口　④入って　⑤友だち　⑥大きい　⑦入り口
⑧体いくかん　⑨高い　⑩門

p72　クイズ
1. ①入学しき　②大きい　③出口　④高校生　⑤学校　⑥入って　⑦人
⑧名まえ　⑨高校　⑩日本　⑪友だち　⑫日本語　⑬大学　⑭入ります　⑮大学いん
⑯入りたい　⑰せん門　⑱本　⑲日本ぶんか　⑳学びたい
2. ①大　②大人　③出口　④高い　⑤入る

◆8章(しょう)

p75　①にほん　ちちのひ　ろくがつ　さん　にちようび　②そふ　はちじゅうはっさい
③ははのひ　はな　④ぼご　⑤ぼこう
①父　②そ父　③母　④そ母　⑤母校　⑥母ご　⑦父母

p76　①かわ　こども　②おこさん　いっさい　③だんしがくせい　なんにん
④がっこう　おとこ　せんせい　よにん　⑤だんせい　みょうじ
①子ども　②お子さん　③ふた子　④男　⑤男の子　⑥男の人　⑦男子　⑧男せい

p77　①おんなのひと　②おんなのこ　ひとり　おとこのこ　ふたり　③じょし　ひだり
④にほんじん　かのじょ
①女　②女の子　③女の人　④女子　⑤女せい　⑥男女　⑦かの女　⑧女ゆう

p78　①いぬ　②ともだち　こいぬ　③たなか　おおがたけん
①犬　②子犬　③小がた犬　④もうどう犬

p79　ふくしゅう
1. ①おんなのこ　②もうどうけん　③こども　④だんせい　⑤かのじょ
⑥ちょうなん　⑦ふたご　⑧おかあさん　⑨だんじょ　⑩おとうさん
2. ①母の日　②子犬　③そ父　④女の人　⑤男の子　⑥女子　⑦父　⑧そ母
⑨母校　⑩男子学生

p80　クイズ
1. ①母　②子　③男　④女　⑤子　⑥子　⑦男子　⑧女子　⑨犬
2. ①父　②子　③母　④男　⑤女
3. ①よにん　②そ父　③父　④はは　⑤犬　⑥ななじゅうろくさい
⑦よんじゅうはっさい　⑧小学校　⑨せんせい　⑩高校　⑪にねんまえ　⑫まい日
⑬中

◆9章(しょう)

p83 ①おんなのひと　たって　②こくりつだいがく　がくせい
③たいいく　さかだち
①立つ　②し立大学

p84 ①にほん　みますか　②みせて　③いけん　④しんぶんしゃ　けんがく　⑤きいて
にほんご
①見る　②花見　③月見　④見学　⑤い見　⑥聞く　⑦しん聞

p85 ①やすみ　おおさか　いきます　②ぎょうれつ　③おこないます
④にちようび　こない　いく　⑤さんがつ　らいにち
①行く　②ぎん行　③りょ行　④来る　⑤来ます　⑥来ない　⑦来年　⑧来しゅう

p86 ①かえりますか　②がっこう　かえり　みました　③らいねん　きこく
①帰る　②帰り　③帰こく　④帰たく

p87 ふくしゅう
1. ①みます　②らいしゅう　③ぎんこう　④こくりつだいがく　⑤しんぶん
⑥きこく　⑦らいにち　⑧みせて　⑨こない　⑩かえり
2. ①見学　②聞きました　③来ます　④行れつ　⑤行きました　⑥立って
⑦りょ行　⑧帰りました　⑨行います　⑩花見

p88 クイズ
1. ①聞　き　②見　み　③来　き　④行　い　⑤帰　かえ
2. ①ジェイクさん　まいにち　かえります　②マリンさん　いきます
③ジェイクさん　みます　④ヨウさん　ききます
⑤マリンさん　がっこう　いきます
3. ①帰　②聞　③立

◆10章(しょう)

p91 ①にほん　こめ　②はくまい　げんまい　③ひ　おちゃ　④こうちゃ　にほんちゃ
⑤ちゃいろい　ふたつ
①米　②げん米　③はく米　④お茶　⑤日本茶　⑥こう茶　⑦茶いろ

p92 ①うし　②ぎゅうにゅう　いれます　③ぎゅうにく　ぶたにく
④ともだち　やきにくや　いきました　⑤とりにく　からだ
①牛　②牛にゅう　③わ牛　④牛肉　⑤肉　⑥やき肉　⑦とり肉

p93 ①うおいちば　②さかなや　さかな　③にんぎょ　きいた　④かい
⑤あかがい　やきざかな
①魚　②やき魚　③魚いちば　④人魚　⑤金魚　⑥貝　⑦あか貝　⑧貝がら

p94 ①すき　②だいこうぶつ　ぎゅうにく　③かいもの　④どうぶつえん　いきませんか
⑤にほん　ぶっか　たかい
①好き　②大好物　③かい物　④たべ物　⑤どう物えん　⑥物か　⑦に物

p95 ふくしゅう
1. ①ちゃいろ　②どうぶつえん　③にもつ　④うおいちば　⑤あかがい
⑥ぶっか　⑦げんまい　⑧うし　⑨こうちゃ　⑩だいこうぶつ

2. ①好き　②日本茶　③やき肉　④魚　⑤牛にゅう　⑥米　⑦たべ物　⑧貝
⑨かい物　⑩金魚

p96　クイズ
1. ①魚　②貝　③米　④茶　⑤肉
2. ①山川さん　②石川さん　③山田さん　④田中さん
3. ①すきな　②たべもの　③にく　④さかな　⑤すき　⑥すきな　⑦どうぶつ
れい）1. すしです。　2. 肉のほうが　好きです。　3. そうです。

◆アチーブメントテスト（配点：1.2. は各 2 点、3. は各 3 点）

p98　1. ①しんぶん　②せんげつ　③さんぼん　④たかい　⑤そふ
⑥やすみませんか　おちゃ　⑦おこないます　⑧だいこうぶつ　⑨かい
2. ①こく立大学　②体力　③名字　④出口　⑤門　⑥子犬　⑦休日　⑧花見
⑨牛肉　⑩はく米

p99　3. ①にほん　②きました　③学校　④入りました　⑤だんしがくせい　⑥女子
⑦せんせい　⑧おとこ　⑨かいもの　⑩行きました　⑪こめ　⑫魚　⑬帰って
⑭かん字　⑮みました　⑯父　⑰母　⑱生かつ　⑲友だち　⑳大好き

◆11 章（しょう）

p101　①まいにち　くじ　じゅうにじ　②とき　かね　ゆうめいな　③じかん
④ぎんこう　あいだ　⑤ひるま
①3時　②12時　③時間　④間　⑤ひる間　⑥なか間　⑦1しゅう間　⑧き間

p102　①ごじはん　②はんとしまえ　にほん　きました　③わけます　④はんぶん
⑤よんぶんのいち
①半年　②4時半　③半分　④分ける　⑤5分　⑥30分　⑦6分　⑧二分の一

p103　①たなかさん　いま　②こんげつ　あめ　ひ　③なん　④いま　なんじ　⑤なにか
①今　②今ばん　③今月　④今しゅう　⑤何　⑥何時　⑦何よう日　⑧何月

p104　①ゆうひ　②ゆうがた　あめ　③ゆうしょく　④かんじ　よみかた
⑤にほんご　ほうほう
①夕しょく　②夕方　③とうほくち方　④夕日　⑤よみ方　⑥かき方　⑦方ほう
⑧方こう

p105　ふくしゅう
1. ①あいだ　②なに　③くじはん　④いま　⑤ごふん　⑥ゆうがた　⑦とき
⑧きょう　⑨ひるま　⑩さんじっぷん
2. ①今月　②半年まえ　③何時　④1しゅう間　⑤今ばん　⑥時間　⑦半分　⑧間
⑨分けます　⑩何か

p106　クイズ
1. ①今　②何　③何　④土　⑤何時　⑥時半　⑦大人　⑧今日
2. 時　分　今　間　何
3. ①なんじ　②なん　③きょう　④じかん　⑤いま　⑥なに

◆ 12 章（しょう）

p109　①はやし　②ちくりん　たけのこ　③にほん　しんりん　④もり　なか
⑤あおもりけん　ゆうめい
①林　②すぎ林　③山林　④森林　⑤森　⑥あお森けん　⑦森さん

p110　①はたけ　②たはた　③いわ　うえ　ひと　たって　④らいしゅう　いわやま
⑤ようがん　みた
①畑　②田畑　③トマト畑　④岩　⑤岩山　⑥よう岩

p111　①おと　おと　②ねいろ　すき　③がっこう　にほんご　はつおん
①音　②はつ音　③音がく　④音いろ

p112　①あかるい　②あけて　そと　あかるく　③せんせい　せつめい　ききます
④くらい　⑤あんき
①明るい　②明け方　③よが　明ける　④せつ明　⑤暗い　⑥明暗　⑦暗き　⑧暗ざん

p113　ふくしゅう
1. ①もり　②あした・あす　③おんがく　④たはた　⑤くらい　⑥せつめい
⑦ねいろ　⑧はやし　⑨あけて　⑩みかんばたけ
2. ①音　②森　③明け方　④暗き　⑤よう岩　⑥森林　⑦畑　⑧暗く
⑨岩　⑩明るく

p114　クイズ
1. ①森　②林　③畑　④岩　⑤明
2. 火－畑　木－森　石－岩　音－暗　月－明
3. ①畑　②暗　③音　④明　⑤林

◆ 13 章（しょう）

p117　①にほんご　いって　②にほん　ほうげん　③でんごん　④なまえ　かいて
⑤じしょ　ことば
①言う　②言ば　③方言　④でん言　⑤書く　⑥じ書　⑦書どう

p118　①ほん　よみます　②かわぐちさん　どくしょ　すき
③なかやまさん　にじかん　はなしました
④ゆうめいな　だいがく　せんせい　はなし　ききました　⑤かいわ
①読む　②読書　③音読　④話す　⑤話　⑥かい話　⑦でん話　⑧手話

p119　①なに　たべましたか　②こんばん　しょくじ
③がっこう　しょくどう　たべました　④おちゃ　のみます　⑤いんしょくてん
①食べる　②食べ物　③食じ　④食どう　⑤飲む　⑥飲み物　⑦飲食てん

p120　①おおきい　かいました　②きゅうじつ　ともだち　かいもの　いきます
①買う　②買い物　③ばい買

p121　ふくしゅう
1. ①でんわ　②たべもの　③ほうげん　④よみます　⑤ことば　⑥のみます
⑦はなし　⑧いんしょくてん　⑨しょくじ　⑩いって
2. ①食べました　②読書　③買います　④でん言　⑤かい話　⑥買い物
⑦書いて　⑧飲み物　⑨話しました　⑩食どう

p122　クイズ
1. ①飲　②話　③食　④書　⑤買　⑥読
2. ①かいもの　②いきました　③にせんえん　④かいました　⑤ゆうめいな
⑥たべました　⑦ひと　⑧なまえ　⑨かいて　⑩さんじっぷん　⑪いいました
⑫おちゃ　⑬のみました　⑭はなしました　⑮いちにち
3. ①読んで　②話して　③買って　④聞いて　⑤食べて　⑥飲んで

◆ 14章

p125　①まち　おおきい　てら　②ちち　ちょうちょう　③やすみ　ひ　したまち
④せんせい　ちょうない　⑤ほうりゅうじ　にほん　いちばん　てら
①町　②下町　③町ちょう　④町内　⑤寺　⑥ほうりゅう寺
p126　①でんしゃ　いきますか　②でんき　③ともだち　でんわ　④くるま　ごふん
⑤じてんしゃ　かいもの　いきます
①電き　②電話　③電車　④電力　⑤車いす　⑥じてん車　⑦車内　⑧じどう車
p127　①がっこう　ひがし　にし　②とうきょう　じんこう　③にしぐち　おおきい
④きょう　ほくせい　⑤にしにほん　おおあめ
①東　②東口　③東日本　④かん東ち方　⑤西　⑥西口　⑦西日本
p128　①ともだち　みなみアメリカ　りょこう　②なんごく　③きたぐち　さんぷん
④ほっかいどう　にほん　いちばん　きた　⑤とうほくちほう
①南　②南口　③東南アジア　④南ごく　⑤北　⑥北口　⑦北西　⑧東北ち方
p129　ふくしゅう
1. ①ほっかいどう　②みなみアフリカ　③まち　④とうきょう　⑤でんしゃ
⑥くるま　⑦てら　⑧したまち　⑨じてんしゃ　⑩ほくせい
2. ①ほうりゅう寺　②西口　③車内　④町内　⑤車　⑥東南アジア　⑦電話
⑧電車　⑨北　⑩南ごく
p130　クイズ
1. A 電車　B じどう車　C じてん車　① C　② C　③ A　④ B　⑤ A　⑥ C
2. ①寺　②車　③西　④東　⑤南
3. ①先月　②休み　③友だち　④行きました　⑤寺　⑥東きょう　⑦電車
⑧ 1 時間　⑨じてん車　⑩ゆう名な　⑪食べました　⑫本　⑬日　⑭電話
⑮食べて　⑯貝　⑰買って　⑱帰りました　⑲一日

◆ 15章

p133　①しんねん　②しんぶん　よみましたか　③あたらしい　くるま
④せんげつ　ちゅうこしゃ　かいました　⑤ふるい　まち
①新しい　②新年　③新聞　④新車　⑤新入しゃいん　⑥古い　⑦古本　⑧中古車
p134　①やまださん　ながい　ひと　②ちょうなん　ちょうじょ
③ちち　しょうがっこう　こうちょう　④たかい　やすい
⑤でんわ　はなしました　あんしん
①長い　②長年　③しゃ長　④長女　⑤校長　⑥安い　⑦安しん　⑧安ぜん

p135 ①こんげつ　おおい　②たすう　ひと　いけん　③たしょう
④まち　じんこう　きょねん　すくない　⑤すこし　かんじ　よむ
①多い　②多すう　③多少　④少ない　⑤少し　⑥少年　⑦少女　⑧少すう

p136 ①いちがつついたち　がんじつ　②おおたさん　もと　しょうがっこう　せんせい
③げんき　④きょう　てんき　⑤きぶん
①元日　②元気　③てん気　④気もち　⑤気分　⑥びょう気　⑦電気

p137 ふくしゅう
1.①こうちょう　②しょうじょ　③あんしん　④ふるい　⑤おおい
⑥ちゅうこしゃ　⑦すこし　⑧がんじつ　⑨しんにゅう　⑩きぶん
2.①新年　②元　③安ぜん　④新しい　⑤多少　⑥安い　⑦少なく　⑧元気
⑨長年　⑩気もち

p138 クイズ
1.①少　②多　③新　④古　⑤安　⑥高
2.①安　②多　③少　④新　⑤元
3.①こども　②なまえ　③ことし　④ながくて　⑤おんなのこ　⑥にほんじん
⑦こども　⑧すこし　⑨たかい　⑩げんき　⑪にほんじん　⑫ともだち　⑬きました
⑭はなして　⑮あんしん

◆アチーブメントテスト（配点：1. 2. は各２点、3. は各３点）

p140 1.①ゆうがた　②のみ　③じかん　④くらい　⑤なにか　⑥おおく　⑦あかるい
⑧くるま　⑨やすい　⑩すこし
2.①飲食てん　②電話　③東きょう　④買い物　⑤しゃ長　⑥南口　⑦西日本
⑧森林　⑨長女　⑩でん言

p141 3.①読書　②電車　③まち　④１時間半　⑤読みます　⑥はなし　⑦てんき
⑧きた　⑨10分　⑩古い　⑪てら　⑫はやし　⑬元気　⑭東　⑮やさいばたけ
⑯はたけ　⑰はなします　⑱食べます　⑲いま　⑳いいました

◆ノート

p142 1)日　2)川　3)木　4)田　5)山　6)門　7)人　8)口　9)車
p143 10)火　11)子　12)土　13)生　14)水　15)金　16)中　17)大　18)小　19)半
p144 20)カ　21)岩　22)目　23)耳　24)手　25)足　26)雨　27)竹　28)米　29)貝
p145 30)牛　31)肉　32)魚　33)犬　34)本　35)上　36)下
p146 37)休　38)好　39)林　40)森　41)石　42)明　43)男　44)花　45)物　46)体
p147 47)聞　48)時　49)暗　50)畑

さくいん

	読み	かん字	ページ	章
あ	あいだ	間	101	11章
	あ-がる	上	49	5章
	あか-るい	明	112	12章
	あ-ける	明	112	12章
	あし	足	35	3章
	あたら-しい	新	133	15章
	あめ	雨	44	4章
	アン	暗	112	12章
	アン	安	134	15章
い	い-う	言	117	13章
	い-きる	生	60	6章
	い-く	行	85	9章
	いし	石	42	4章
	イチ	一	13	1章
	イッ-	一	13	1章
	いつ-つ	五	15	1章
	いぬ	犬	78	8章
	いま	今	103	11章
	い-れる	入	69	7章
	いわ	岩	110	12章
	イン	飲	119	13章
う	ウ	雨	44	4章
	ウ	右	50	5章
	うえ	上	49	5章
	うお	魚	93	10章
	うし	牛	92	10章
	うち	内	51	5章
	う-まれる	生	60	6章
え	エン	円	19	1章
お	オウ	王	36	3章
	おお-い	多	135	15章
	おお-きい	大	67	7章
	おこな-う	行	85	9章
	おと	音	111	12章
	おとこ	男	76	8章
	オン	音	111	12章
	おんな	女	77	8章
か	カ	火	25	2章
	か	日	28	2章
	カ	花	43	4章
	かい	貝	93	10章
	ガイ	外	51	5章
	-がい	貝	93	10章
	か-う	買	120	13章
	かえ-る	帰	86	9章
	か-く	書	117	13章
	ガク	学	59	6章
	かた	方	104	11章
	-がた	方	104	11章
	ガツ	月	25	2章
	ガッ-	学	59	6章
	かね	金	27	2章
	からだ	体	70	7章
	かわ	川	41	4章
	-がわ	川	41	4章
	カン	間	101	11章
	ガン	岩	110	12章
	ガン	元	136	15章
き	き	木	26	2章
	キ	帰	86	9章
	キ	気	136	15章
	き-く	聞	84	9章
	きた	北	128	14章
	き-ます	来	85	9章
	キュウ	九	17	1章
	キュウ	休	62	6章
	ギュウ	牛	92	10章
	ギョ	魚	93	10章
	ギョウ	行	85	9章
	キン	金	27	2章
く	ク	九	17	1章
	くだ-る	下	49	5章
	くち	口	33	3章
	-ぐち	口	33	3章
	くら-い	暗	112	12章
	く-る	来	85	9章
	くるま	車	126	14章
け	ゲ	下	49	5章
	ゲツ	月	25	2章
	ケン	犬	78	8章
	ケン	見	84	9章
	ゲン	言	117	13章
	ゲン	元	136	15章
こ	こ	小	67	7章
	こ	子	76	8章
	コ	古	133	15章
	ゴ	五	15	1章
	コウ	口	33	3章
	コウ	校	59	6章
	コウ	高	68	7章
	コウ	行	85	9章
	コウ	好	94	10章
	ここの-つ	九	17	1章
	こと	言	117	13章
	こ-ない	来	85	9章
	こめ	米	91	10章
	コン	今	103	11章
	ゴン	言	117	13章
さ	サ	左	50	5章
	さかな	魚	93	10章
	-ざかな	魚	93	10章
	さ-がる	下	49	5章
	さき	先	60	6章
	サン	三	14	1章
	サン	山	41	4章
	-ザン	山	41	4章
し	シ	四	14	1章
	シ	子	76	8章
	ジ	耳	34	3章
	ジ	字	61	6章
	ジ	時	101	11章
	ジ	寺	125	14章
	した	下	49	5章
	シチ	七	16	1章
	ジッ	十	17	1章
	ジツ	日	28	2章
	シャ	車	126	14章
	シュ	手	35	3章
	ジュウ	十	17	1章
	ジュウ	中	52	5章
	シュツ	出	69	7章
	シュッ-	出	69	7章
	ショ	書	117	13章
	ジョ	女	77	8章
	ショウ	生	60	6章
	ショウ	小	67	7章
	ショウ	少	135	15章
	ジョウ	上	49	5章
	-ジョウ	生	60	6章
	ショク	食	119	13章
	シン	森	109	12章
	シン	新	133	15章
	ジン	人	33	3章
す	スイ	水	26	2章
	す-き	好	94	10章
	すく-ない	少	135	15章
	すこ-し	少	135	15章
せ	セイ	生	60	6章
	セイ	西	127	14章
	セキ	石	42	4章
	セン	千	18	1章

	読み	かん字	ページ	章
	セン	先	60	6章
	－ゼン	千	18	1章
そ	ソク	足	35	3章
	－ゾク	足	35	3章
	そと	外	51	5章
た	た	田	42	4章
	タ	多	135	15章
	－だ	田	42	4章
	タイ	体	70	7章
	タイ	大	67	7章
	ダイ	大	67	7章
	たか－い	高	68	7章
	たけ	竹	43	4章
	た－す	足	35	3章
	だ－す	出	69	7章
	た－つ	立	83	9章
	た－べる	食	119	13章
	ダン	男	76	8章
ち	ちい－さい	小	67	7章
	ちから	力	36	3章
	チク	竹	43	4章
	ちち	父	75	8章
	チャ	茶	91	10章
	チュウ	虫	44	4章
	チュウ	中	52	5章
	チョウ	町	125	14章
	チョウ	長	134	15章
つ	つき	月	25	2章
	つち	土	27	2章
て	て	手	35	3章
	てら	寺	125	14章
	で－る	出	69	7章
	デン	田	42	4章
	デン	電	126	14章
と	ド	土	27	2章
	トウ	東	127	14章
	とお	十	17	1章
	とき	時	101	11章
	ドク	読	118	13章
	とし	年	28	2章
	とも	友	68	7章
な	な	名	61	6章
	ナイ	内	51	5章
	なか	中	52	5章
	なが－い	長	134	15章
	なな－つ	七	16	1章
	なに	何	103	11章
	ナン	南	128	14章
	なん	何	103	11章
に	ニ	二	13	1章
	ニク	肉	92	10章
	にし	西	127	14章
	ニチ	日	28	2章
	ニュウ	入	69	7章
	ニン	人	33	3章
ね	ね	音	111	12章
	ネン	年	28	2章
の	のぼ－る	上	49	5章
	の－む	飲	119	13章
は	バイ	買	120	13章
	はい－る	入	69	7章
	はた	畑	110	12章
	はたけ	畑	110	12章
	－ばたけ	畑	110	12章
	ハッ－	八	16	1章
	ハチ	八	16	1章
	はな	花	43	4章
	はなし	話	118	13章
	はな－す	話	118	13章
	はは	母	75	8章
	はやし	林	109	12章
	ばやし	林	109	12章
	ハン	半	102	11章

	読み	かん字	ページ	章
ひ	ひ	火	25	2章
	ひ	日	28	2章
	－び	日	28	2章
	－ぴ	日	28	2章
	ひがし	東	127	14章
	ひだり	左	50	5章
	ひと	人	33	3章
	ひと－つ	一	13	1章
	ヒャク	百	18	1章
	－ビャク	百	18	1章
	－ピャク	百	18	1章
	ヒャッ－	百	18	1章
ふ	フ	父	75	8章
	ふた－つ	二	13	1章
	ブッ－	物	94	10章
	ブツ	物	94	10章
	ふる－い	古	133	15章
	フン	分	102	11章
	ブン	聞	84	9章
	ブン	分	102	11章
	－プン	分	102	11章
ほ	ボ	母	75	8章
	ホウ	方	104	11章
	ホク	北	128	14章
	ボク	木	26	2章
	ホッ－	北	128	14章
	ホン	本	62	6章
	－ボン	本	62	6章
	－ポン	本	62	6章
ま	ま	間	101	11章
	マイ	米	91	10章
	まち	町	125	14章
	まな－ぶ	学	59	6章
	マン	万	19	1章
み	みぎ	右	50	5章
	みず	水	26	2章
	み－せる	見	84	9章
	みっ－つ	三	14	1章
	みなみ	南	128	14章
	みみ	耳	34	3章
	ミョウ	名	61	6章
	み－る	見	84	9章
む	むし	虫	44	4章
	むっ－つ	六	15	1章
め	め	目	34	3章
	メイ	名	61	6章
	メイ	明	112	12章
も	モク	木	26	2章
	モク	目	34	3章
	モツ	物	94	10章
	もと	本	62	6章
	もと	元	136	15章
	もの	物	94	10章
	もり	森	109	12章
	モン	門	70	7章
や	やす－い	安	134	15章
	やす－む	休	62	6章
	やっ－つ	八	16	1章
	やま	山	41	4章
ゆ	ユウ	友	68	7章
	ゆう	夕	104	11章
よ	よ	四	14	1章
	よっ－つ	四	14	1章
	よ－む	読	118	13章
	よん	四	14	1章
ら	ライ	来	85	9章
り	リツ	立	83	9章
	リョク	力	36	3章
	リン	林	109	12章
ろ	ロク	六	15	1章
	ロッ－	六	15	1章
わ	ワ	話	118	13章
	わ－ける	分	102	11章

한자마스타(漢字マスター) JLPT N5 개정판

Kanji for advanced level

초판발행 2023년 8월 01일
초판1쇄 2023년 8월 01일
판저자 アークアカデミー
遠藤 由美子　齊藤 千鶴　樋口 絹子　細田 敬子　山下 泰輔
増田 麻美子　下重 ひとみ
펴낸이 박재천
펴낸곳 모닝에듀㈜
등록일자 2009년 10월 28일
등록번호 제2009-000290호
주소 서울시 강남구 남부순환로 363길 13 백광빌딩 3층
전화번호 02-6253-2004 팩스 02-6253-2006
홈페이지 www.morningedu.com
네이버블로그 https://blog.naver.com/morningedu2004

일본 ㈜삼수사(三修社)와 독점 라이선스 출판

* 이 교재의 내용을 저자 및 출판사의 사전 허가 없이 전재하거나 복제할 경우 법적인 제재를 받게 됨을 알려드립니다.
* 잘못된 책은 구입하신 서점이나 본사로 연락 주시면 교환해 드립니다.

ISBN 978-89-98323-15-8
ISBN 978-89-98323-10-3 (세트)
값 18,000원

KANJI MASTER N5 REVISED EDITION

Copyright © 2020 by ARC ACADEMY All rights reserved.
No part of this book may be used or reproduced in any manner whatsoever without written permission except in the case of brief quotations embodied in critical articles and reviews.
Originally published in Japan by SANSHUSHA Publishing Co., Ltd.

Korean translation copyright ©2023 by MORNINGEDU CORP.
Korean edition is published by arrangement with SANSHUSHA Publishing Co., Ltd. through BC Agency